MAPEAMENTO COMPORTAMENTAL
VOL. 2

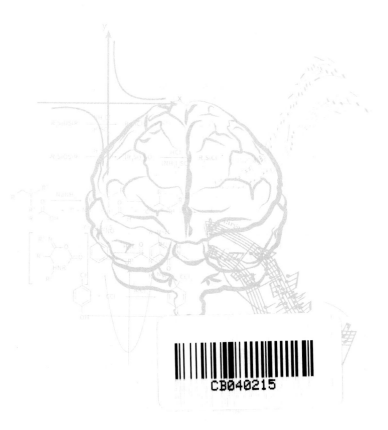

Copyright© 2020 by Literare Books International.
Todos os direitos desta edição são reservados
à Literare Books International.

Presidente:
Mauricio Sita

Vice-presidente:
Alessandra Ksenhuck

Capa:
Atomic Buzz

Diagramação:
Gabriel Uchima

Revisão:
Rodrigo Rainho

Diretora de Projetos:
Gleide Santos

Diretora Executiva:
Julyana Rosa

Relacionamento com o cliente:
Claudia Pires

Impressão:
Impressul

Dados Internacionais de Catalogação na Publicação (CIP)
(eDOC BRASIL, Belo Horizonte/MG)

M297 Mapeamento comportamental: vol. II / Coordenação editorial Jaques Grinberg, Rafael Zandoná. – São Paulo, SP: Literare Books International, 2020.
14 x 21 cm

ISBN 978-85-9455-300-3

1. Comportamento humano. 2. Sucesso – Aspectos psicológicos. I. Grinberg, Jaques. II. Zandoná, Rafael.
CDD 153.8

Elaborado por Maurício Amormino Júnior – CRB6/2422

Literare Books International Ltda.
Rua Antônio Augusto Covello, 472 – Vila Mariana – São Paulo, SP.
CEP 01550-060
Fone/fax: (0**11) 2659-0968
site: www.literarebooks.com.br
e-mail: contato@literarebooks.com.br

MAPEAMENTO COMPORTAMENTAL
VOL. 2

Prefácio

As pessoas se conhecem? Será que nos conhecemos? Tantas dúvidas sem saber a resposta correta. O "achômetro" mais uma vez prevalece e as dúvidas continuam em nosso subconsciente. Agora, tenho certeza de que sobre Mapa Comportamental você já ouviu falar e sabe o que é... Será? Se cada pessoa é única e cada um tem as suas próprias características, pensamentos, crenças e formas de agir, como muitos querem ser parecidos com os outros? Como saber lidar com pessoas diferentes? Tantas dúvidas e, mais uma vez, acho que nada sei! Para potencializar o relacionamento interpessoal e ter um convívio harmonioso, principalmente no ambiente de trabalho, é preciso que as diferenças sejam respeitadas. O Mapeamento Comportamental nas empresas tornou-se um diferencial competitivo para o mercado, e aquelas que investem para conhecer os seus colaboradores possuem um time mais produtivo e engajado.

O Mapeamento Comportamental pode ser aplicado por diversas ferramentas disponíveis no mercado. Muitos profissionais, além das ferramentas existentes e validadas, aplicam testes, fazem dinâmicas individuais e em grupo e simulações de situações reais para avaliar as reações de cada colaborador. Geralmente, são aplicadas pelo departamento de Recursos Humanos ou por profissionais contratados para essa finalidade e, no final, apresentam relatórios, fazem a devolutiva para os colaboradores e para a diretoria da empresa. O Mapeamento Comportamental também é muito utilizado na seleção de novos funcionários, principalmente para cargos de gestão, ajudando a minimizar os erros na contratação.

Neste livro, cada autor traz a sua experiência profissional e de vida para despertar *insights* sobre esse tema atual e importante. Um livro diferente e agradável de ler: cada capítulo, um novo livro, uma nova experiência.

Boa leitura!

Jaques Grinberg

Sumário

Psicodrama e o papel profissional 11
Aline Arrabal Casaula Blanco

Eneagrama: uma sabedoria que pode ser aplicada em relações interpessoais e no desenvolvimento do potencial humano 19
Amanda Alcântara

Ressignificando a prática pedagógica de leitura: entre o texto impresso e o digital 27
Ana Teresinha Elicker & Viviane Mattos Battistello

Saga e plenitude 35
Cida Rocha

O segredo da gestão comportamental na Era da Experiência 43
Danieli Guimarães

Resgate emocional 51
Elaine Corgan

Não se acostume assim 59
Eliane Duarte

Autoconhecimento, a chave para a realização pessoal 67
Fernanda Pelisson Cossa

Aprender a se conhecer e ensinar a pensar............ 75
Filipe Júlio Lopes

Depressão nas organizações,
uma doença silenciosa 83
Francilene Torraca

E agora, o que eu faço? Mais qualidade
ou mais quantidade?................................... 91
Gisele Domenici

Um caminho para o autoconhecimento 99
Krishnamurti B. Ávila

Mapeando sua rotina, uma forma fácil
de tornar conscientes os seus hábitos 107
Lane Lucena

Escolha ser feliz 115
Letícia Keezy

Protagonismo em sua carreira:
quatro passos para o sucesso 123
Luana Lourençon

A tríade da alta *performance* - competências
técnicas e comportamentais: a C.H.A.V.E
para o sucesso profissional 131
Lucia Mamedes

**Autoconhecimento:
o caminho para sua liberdade pessoal,
profissional e espiritual** 139
Marcelo Costa

IncrivelMente, você no controle! 147
Marcia Paduan

Construção de uma vida feliz e saudável 155
Mário Sato

O poder do autoconhecimento 163
Mariza Baumbach

**Como usar seu valor e realizar
seu propósito** 171
Rafael Zandoná

Agora sei meu perfil... "E daí?" 179
Raymundo Montealto

**Cultura e gestão: como liderar com o auxílio
do mapeamento comportamental** 187
Ricardo G. Bortoli & Roberta Guatelli

**Mapeamento comportamental
nas investigações corporativas** 195
Rochelle Aweida Veras

A real magnitude do mapeamento comportamental 203
Saul Christoff

Virtudes e força de caráter para desenvolvimento de equipes eficazes 211
Simone F. Figueira

Applied Behavior Analysis - ABA (Análise do Comportamento Aplicada) 219
Tatiana O. Serra

Na construção do caminho 225
Valdistela Caú

Modelagem de excelências: compreendendo a ciência por trás da excelência 231
Wayne Porto Colombo

Mapeamento comportamental: a chave para uma liderança estratégica com foco em resultados 239
Wellington Santos

Criação de modelo de competências e análise comportamental 247
Willian Carlos Millan

Capítulo 1

Psicodrama e o papel profissional

Aline Arrabal Casaula Blanco

Você já parou para pensar qual é o real significado do trabalho em sua vida? Esse é um tipo de reflexão pelo qual o nosso inconsciente não nos permite compreender o nosso papel profissional. Neste capítulo, exemplifico como encontrar de forma consciente o sentido e atuação do nosso papel, levando a uma profunda reflexão sobre os papéis que desempenhamos.

Aline Arrabal Casaula Blanco

Formação e Certificação Internacional em Consultoria de Análise Comportamental pelo Instituto Brasileiro de Coaching (IBC) e Global Coaching Community. Pós-Graduada (Lato Sensu) em Psicologia Industrial e Organizacional do Trabalho, pela Universidade Presbiteriana Mackenzie, com especialização em Didática do Ensino Superior. Bacharel em Secretariado Executivo Bilíngue, SRTE n° 43309/SP. Palestrante no Projeto Psicologia no Secretariado Executivo, mantém seu foco em estudos no desenvolvimento do comportamento organizacional por meio da psicologia, psicodrama e psicanálise. Atua como secretária executiva trilíngue e *office manager*, desde 2006, em empresas multinacionais e nacionais, com executivos da alta direção. Coautora do livro *O futuro do secretariado: educação e profissionalismo*. Editora Literare Books, maio/2019.

Contatos
alineablanco@gmail.com
(11) 97637-9595

Você já parou para pensar qual é o real significado do trabalho em sua vida? Esse é um tipo de reflexão pelo qual o nosso inconsciente não nos permite compreender o nosso papel profissional. Por muitas vezes, passamos por um processo de desajuste na vida, quando surge uma profunda mudança em nosso desempenho de papéis, verdadeiro gerador da identidade.

Neste capítulo, exemplifico como encontrar de forma consciente o sentido e atuação dos papéis que desempenhamos, e nos levando a uma profunda reflexão.

Psicodrama

Psicodrama, um conceito amplamente trabalhado e que intervém tanto no âmbito pessoal como profissional por meio da troca de papéis.

O psicodrama é uma técnica psicoterápica dentro da psicologia e tem como vertente a terapia em grupo.

Por meio da dramatização, conseguimos fazer interações interpretando papéis (personagem) e dessa forma conseguimos melhor expressar os seus sentimos, angústias e desejos oprimidos.

Esse tipo de interação pode trazer resultados favoráveis ao desenvolvimento pessoal e até mesmo profissional. Além disso, o psicodrama é utilizado dentro das organizações para desenvolver o trabalho em equipe e nos levar a uma reflexão, quando na condição de ser colocado no papel de outro profissional ou função diferente do que realizamos.

O psicodrama possui três principais enfoques fundamentais, sendo o social, o grupal e o dramático.

Explicando melhor a teoria do psicodrama

O psicodrama foi criado por Jacob Levy Moreno (1884-1974), que desenvolveu a importância do desempenho de papéis em psicoterapia e o desenvolvimento humano em grupo. Moreno nasceu na Romênia em 1889, era judeu, de família religiosa ortodoxa. Aos cinco anos de idade, mudou-se com a família para

Viena e ainda criança teve seu primeiro contato com a dramaturgia nas brincadeiras que fazia com outras crianças, o que despertou o senso do que poderia ser fantasia e realidade. Na idade adulta formou-se em Psiquiatria e logo se interessou pelo teatro. Moreno estimulava crianças a fazerem representações dramáticas e, em seguida, estimulou adultos de todos os gêneros que tivessem interesse em atuar espontaneamente em praça pública, o que comprovou que, por meio da interpretação, o indivíduo conseguia expressar sentimentos oprimidos e fazer da atuação uma terapia reflexiva do comportamento.

Com base nesse conceito, Moreno estudou medidas para o homem conseguir resgatar a espontaneidade que foi perdia em decorrência da vida. Esse estudo originou o primeiro conteúdo do psicodrama.

A criatividade ligada à espontaneidade fez Moreno pensar sobre o desenvolvimento psicológico em dois grupos, o da fantasia e realidade, portanto, a espontaneidade para Moreno é o indivíduo conseguir dominar as situações em que vive separando o real do imaginário e alcançar um equilíbrio entre esses dois mundos.

> "Precisamos sonhar, fantasiar, não dá para viver na realidade o tempo todo."
> Jacob L. Moreno

Moreno cria também a sociodinâmica para estudar o EU que emerge dos diferentes papéis que desempenhamos na vida, como o de filho, irmão, pai, mãe, profissional, marido, esposa, e afirma que a saúde mental está relacionada à adequação dos nossos diversos papéis.

Dando sequência ao desenvolvimento grupal, Moreno cria métodos e técnicas psicodramáticas.

Mas o que o psicodrama tem a ver com a relação no trabalho?

O psicodrama pode e deve ser aplicado em diversas situações da vida, como forma de resgate para as emoções e frustrações ressentidas. Por meio da dramatização, os sentimentos podem ser expressos e "tratados" como sessões terapêuticas, fazendo com que haja mudança e melhorias no comportamento, nas relações interpessoais e em grupos.

Os conceitos de Moreno trazem reflexões que podem melhorar nossa visão e desenvolver um olhar analítico sobre os comportamentos em grupo.

O psicodrama no ambiente profissional pode ser utilizado para a formação e treinamentos de papéis profissionais, abrindo espaço e possibilidade para as pessoas se colocarem no lugar uma das outras. Essa técnica tem a finalidade de melhorar o desenvolvimento e convivência em grupo.

Teoria dos papéis

Falar em teoria de papéis é falar de um tema bastante abrangente que se amplia abordando áreas da Sociologia, Antropologia, Psicologia e Psicossociologia.

Os primeiros papéis da vida são psicossomáticos, como comer e dormir. Uma criança em desenvolvimento assemelha-se aos pais e quando cresce passa a assumir diversos papéis, muitas vezes impostos pela sociedade, o que irá inibir a criatividade e a espontaneidade que possuímos.

Os papéis também são construídos por nós que, ao longo da vida, sustentamos o autoconceito pelo desempenho dos papéis que achamos ser mais relevantes nos cenários sociais e de nossa preferência. Assim sendo, determinados papéis designados socialmente e pessoalmente relevantes, sofrendo desajuste na vida ou, quando surge uma profunda mudança, verdadeiro gerador da identidade profissional.

Sobre a nossa posição de papel na vida, fiz uma analogia de como assumimos a responsabilidade sem perceber que não faz parte das nossas escolhas e a aceitamos de uma forma irracional, porque tudo está automatizado e seguimos as imposições externas, sem pensar e refletir sobre o que de fato agrada e nos faz feliz.

A importância da flexibilidade nos papéis que desempenhamos é fundamental para a nossa saúde mental.

> "Como posso saber o que eu penso, até eu escutar o que digo?"
> Edward Morgan Foster

Muitos de nós, sem perceber, desenvolvemos uma rigidez e ficamos presos ao próprio papel, o que afeta todos os campos da vida, por isso, devemos flexibilizar as nossas ações e procurar sentir quão pode ser libertador sair de uma rigidez e buscar novas possibilidades criativas nos relacionamentos interpessoais.

Psicologia organizacional

A psicologia organizacional atua no mundo do trabalho desde o século XIX evidenciando a construção do papel do trabalhador e surgiu para modificar e estruturar as organizações.

Do ponto de vista das teorias organizacionais, a psicologia colabora para o estímulo e valorização das reflexões críticas sobre a relação com o trabalho, o nosso papel profissional e a nossa subjetividade.

Como exemplo, podemos citar um executivo que se relaciona com os papéis e contrapapéis do seu átomo social, constituído por todos os demais papéis que o complementam em sua função profissional, tais como os seus subalternos: secretária, auxiliares diretos, assistentes, motorista e seus superiores hierárquicos.

Referenciando o nosso papel profissional, pressupõe-se que exista alguém fazendo o contrapapel, por exemplo: não existindo o cliente não existirá o executivo, pois toda posição executiva, independentemente do segmento, está voltada em prol dos resultados que só podem ser obtidos por meio do cliente como principal condutor do resultado de uma organização e, para exercer o papel de um diretor executivo, é porque existe alguém exercendo o contrapapel de diretor executivo suplente, conselheiro ou presidente.

As contradições, crises e transformações dos papéis complementares fazem parte do próprio movimento da história. Papéis opostos ou solidários, de indivíduos diferentes, completam um o sentido do outro.

Considerando o nosso processo de desenvolvimento ao longo da nossa existência, podem existir duas variáveis como: os papéis podem apresentar períodos de duração diferentes ou podem durar a vida toda. Em outras palavras, em cada ciclo da vida temos motivações diferentes e papéis diferentes a cumprir. Em cada ciclo, cada fase, cada etapa da vida, as necessidades mudam e os papéis também. No mundo do trabalho, exercemos uma série de papéis que outros colaboradores não terão a mesma oportunidade de exercer. O executivo exerce papéis e contrapapéis bastante diferentes daquele empregado que não exercita cargo de comando, e esse papel pertence ao indivíduo. É como se fosse parte de sua identidade.

> O papel é uma zona de sobreposição entre o plano individual e o coletivo. Pertence ao sujeito como traço de sua identidade e faz

parte da sociedade como unidade básica de suas estruturas.

(BRITO, 1998, p.196)

Em nosso trabalho, nos cabe desempenhar tarefas e ações próprias do cargo que exercemos. Inerente às funções, existe um conjunto de direitos, obrigações e atribuições, implícitas ou explícitas, próprias do papel profissional.

Para exercer com adequação a nossa função, existe um código de regras e atribuições que estabelece um modelo definindo obrigações e deveres, direitos e privilégios, bem como o que é vedado. Outro aspecto a ser considerado em nossa função é o ponto de inserção na organização, seu lugar na pirâmide do poder e da hierarquia. A posição funcional na hierarquia constitui fonte de poder e importância. Associado a essa posição hierárquica encontra-se o "status" que representa a quantidade de prestígio, respeito e admiração atribuída ao ocupante do cargo.

Com o conhecimento sobre o psicodrama, conseguimos refletir e avaliar as nossas ações por meio do trabalho do outro, nos colocando em seu lugar, praticando empatia por aqueles que fizemos algum tipo de julgamento, sem ao menos conhecer a sua realidade.

Com tudo, conseguimos perceber a dificuldade em conciliar os papéis da nossa vida pessoal e profissional, definindo cada vez mais o nosso comportamento oprimido, menos capaz de sentir e, por consequência, de agir.

"É mais fácil agir para se sentir melhor do que sentir uma forma de agir melhor."
Orval Hobart Mowrer

Com essa afirmação, é possível relacionar a teoria de Moreno sobre a afirmação que nascemos espontâneos e criativos, mas a imposição da sociedade se faz perder as nossas principais características e verdadeira identidade do EU.

Muitas pessoas não sabem fazer distinção entre o trabalho e vida pessoal. Se você fizer uma distinção bem clara perceberá o real significado dos valores importantes em sua vida. A maioria das pessoas tem algum tipo de angústia em relação a tudo isso, mas não tenha medo, você só precisa confiar em sua intuição e ser realista quando suas escolhas estão fazendo bem.

De maneira consciente, coloque-se no lugar no outro, pratique essa técnica, permita-se sentir desempenhando vários papéis, use a imaginação e pense estar em posições que jamais idealizou.

1. Faça uma análise do que está acontecendo na sua vida no momento, tanto no âmbito pessoal quanto no profissional. Pense em todos os setores e detalhes. Pode ser que seja um processo doloroso, mas ele é necessário.
2. Reflita sobre os pontos que atrapalham seu dia a dia e sobre outros que poderiam ser mais bem desenvolvidos. Pense muito bem sobre o que é pesado e negativo para você lidar com frequência.
3. Converse com pessoas próximas sobre as conclusões que tirou. Veja se elas podem acrescentar novas e interessantes informações sobre você mesmo que ainda não havia percebido.

Essa experiência poderá ser transformadora, resgatando valores e reflexões do seu verdadeiro papel na sociedade, na vida familiar e como indivíduo que encontrou o real significado em transformar ações automatizadas em ações conscientes. Ressignifique e não seja mais vítima de nenhuma circunstância.

Faça somente aquilo que realmente tiver grandes significados para sua vida, mesmo que seja desempenhando o papel do outro.

Referências
ALLEN, D. *A arte de fazer acontecer*. Rio de Janeiro: Elsevier, 2001.
BERMÚDEZ, J.G.R. *Introdução ao psicodrama*. São Paulo: Ágora, 2016
BRITO, D. J. *Astros e ostras. Uma visão cultural do saber psicológico*. São Paulo: Ágora, 1998.
GONÇALVES, C. S.; WOLFF, J.R.; ALMEIDA, W.C. *Lições de psicodrama, introdução ao pensamento de J.L. Moreno*. São Paulo: Ágora, 1988.
HUNTER. J.C. *O monge e o executivo*. Rio de Janeiro: Sextante, 2004.
MARQUES, José Roberto. *Ressignificar. Liberte-se de coisas pesadas e negativas*. Disponível em: <https://www.ibccoaching.com.br/portal/coaching-e--psicologia/ressignificar-liberte-se-de-coisas-pesadas-e-negativas/>. Acesso em: 11 de set. de 2019.
MARTIN, E. G. *Psicologia do encontro*. São Paulo: Agora, 1996.
MORENO, J. L. *Psicodrama*. São Paulo: Cultrix, 1975.
_____. *Fundamentos do psicodrama*. São Paulo: Summus, 1983.
_____. *As palavras do pai*. Campinas: Pis,1992.
_____. *O teatro da espontaneidade*. São Paulo: Summus, 1984.
_____. *O psicodrama*. São Paulo: Cultrix, 2006.
ROBBINS, S. P. *Comportamento organizacional*. São Paulo: Pearson Prentice Hall. 2005.
RUBINI, C. *O conceito de papel no psicodrama*. Revista Brasileira de Psicodrama - vol. 3 - 1995.

Capítulo 2

Eneagrama: uma sabedoria que pode ser aplicada em relações interpessoais e no desenvolvimento do potencial humano

Amanda Alcântara

O Eneagrama é uma tradição que oportuniza aos participantes vivenciarem um processo de autoconhecimento a partir dos estudos e descobertas de sábios e tradições da antiguidade. Utilizá-lo é reconhecer e estimular o processo de transformação e a busca de equilíbrio entre a personalidade e a essência, com identificação do Eneatipo e das tendências de personalidade que norteiam a cultura organizacional. Neste capítulo, abordarei seus conceitos e benefícios.

Amanda Alcântara

Sócia-diretora da SIC Gestão em RH, Sensibilizar, Instruir e Construir são os seus pilares, graduada em Serviço Social e especializada em Administração de Recursos Humanos, certificada em *Eneacoaching* pelo Instituto de Eneacoahing de Lisboa e com formação em Eneagrama Shalom pelo Instituto Eneagrama Shalom Brasil/Portugal, *Master* em PNL pela Sociedade Brasileira em PNL. Executiva atuante em grupos e desenvolvimento de equipes e liderança, consultora e especialista em gestão de recursos humanos, com foco em desenvolvimento comportamental e especialista em jogos vivenciais. Tem experiência de 25 anos em gerenciamento de RH e treinamentos vivenciais na América do Sul e Portugal. Atuou por 20 anos como executiva de RH em empresas como AMBEV, Lear do Brasil e DASA. Facilitadora LEGO® SERIOUS PLAY® e Focus Play.

Contatos
www.sicgestaorh.com.br
amandaalcantara@sicgestaorh.com.br
Instagram: asva5
(71) 99192-7023

Estudar e apoiar pessoas na busca pelo autoconhecimento é instigante e inovador, adentrar mais no tema mapeamento comportamental é perceber mais a complexidade das relações humanas. Escolher o Eneagrama, tradição milenar, para incentivar o desenvolvimento de pessoas nas organizações foi para mim um grande passo e compasso pela beleza e pelo caminho aberto à transformação pessoal. A descoberta do Eneagrama começou em mim com a tomada de consciência dos meus próprios comportamentos automáticos, e me proporcionou uma releitura da minha história e dos respectivos impactos nas minhas relações interpessoais e em meus projetos de vida.

Em 25 anos de experiência com trabalhos voltados à gestão de pessoas e conhecendo modelos de *assessment*, vejo que trabalhar com Eneagrama é utilizar o processo mais embasado de autoconhecimento que já conheci. Existe uma lógica e uma tomada de consciência e explicação do comportamento humano com uma precisão que surpreende aqueles que vêm a conhecê-lo. Em sua aplicação não tenho depoimentos de rejeição.

O Eneagrama retrata nove padrões de percepção da realidade, sentimentos e comportamentos humanos, e indica caminhos de crescimento para as virtudes humanas superiores. As pessoas se identificam para entender a si próprios e aos outros. Um bom conhecedor de Eneagrama sabe fazer as perguntas para facilitar esse processo, não rotula, não tipifica, não inibe, não escreve laudo. Podemos chamar o diagnóstico dessa construção de percepção própria, de um autolaudo de tomada de consciência. É a base para um entendimento da origem dos comportamentos humanos e não só um retrato. É preciso explorar as convicções e estruturas da personalidade humana para mudarmos o comportamento.

Há uma descrição dos padrões de forma muito profunda e esclarecedora, o que leva frequentemente as pessoas a assumirem e superarem seus pontos de possível evolução na relação interpessoal em qualquer esfera de relação humana. Aqui deixo uma reflexão introdutória para que agucem a curiosidade e aprofundem no tema.

Na abordagem, por ser de fácil entendimento, pode-se levar a uma errada leitura. Convidamos à autorreflexão das manifestações de comportamento por cada um dos nove tipos, pois não podemos aplicar ou diagnosticar pessoas ou até mesmo justificar nossos comportamentos ou de outros sob os conceitos do Eneagrama. Aquele que entende que o caminho do autoconhecimento é contínuo, internaliza que a constatação é interna e a mudança é gradativa.

No mundo globalizado e digital, inúmeros testes e mecanismos são criados e disponibilizados, mas de fato, em todos os grupos de estudos em que participo, sempre concluo que esses mecanismos isolados podem induzir a uma visão mais distorcida, do que aquela que realmente retrate sua história pessoal. A descoberta sempre é feita a partir do conhecimento do que caracteriza todos os tipos, somados a outros movimentos explicados por essa tradição.

Existem indícios dessa sabedoria há cerca de 4.500 anos. A palavra deriva do grego (*ennea* = nove, *grammos* = figura). Reúne conhecimentos desde a tradição da Alexandria, padres do deserto e místicos Surfis da tradição islâmica. Os estudos de George Ivanovich Gurdjieff traduzem os ensinamentos dessas tradições.

O símbolo do Eneagrama é representado por um desenho que traz três figuras, leis matemáticas. O Círculo representa a Lei do Um, trazendo a percepção da unidade e totalidade que está em tudo em todas as coisas. Somos um.

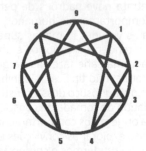

O triângulo representa a Lei do Três, que se refere às três forças pelas quais se manifesta a realidade, sendo uma força ativa, uma passiva e uma neutra. A héxade representa a Lei do Sete, que simboliza processo, dando a ideia de movimento e possibilidade de transformação.

Costumo abordar que diante dos possíveis movimentos, quando olhamos a figura do Eneagrama, existem possibilidades de interações de comportamento, mesmo tendo convicção da origem da personalidade. No mundo organizacional e profissional, as adaptações de comportamento à cultura organizacional influenciam em um primeiro momento, a uma possível autoavaliação idealizada. O facilitador, conhecedor das nuances e interações dos tipos tem que ter amplo domínio de perguntas que facilitam a percepção da personalidade de quem se predispõe a fazer essa autoanálise. Não existe melhor tipo ou montagem de equipes por tipo mais adequado.

Os nove tipos são divididos, inicialmente, em três grupos, por centros de inteligência: a instintiva, onde reúne tipos com tendência de decisões utilizando as sensações físicas corporais e intuitivas – Tipos 8, 9, e 1. A emocional com tendências às decisões sentidas no coração e ligado à conexão com pessoas – Tipos 2, 3 e 4. A mental, com tendência às decisões embasadas em planejamento e análise focada no pensamento – Tipos 5, 6 e 7.

A personalidade tem como base um conjunto único de elementos como fixação, paixão e mecanismos de defesa. As crenças centrais formam a maneira como cada tipo interpreta e visualiza o mundo, logo os seus comportamentos são manifestados para provar que sua visão de mundo é uma verdade absoluta.

Na década de 1960, Oscar Ichazo, psicólogo boliviano, juntou a tradição do Eneagrama à psicologia moderna, inserindo conceitos dos instintos para aprofundar e ampliar o estudo das personalidades, tornando o Eneagrama mais humano, preciso e profundo. Os instintos demonstram a inclinação para a adaptação ao ambiente que desenvolve os seres humanos. Isso significa o desenvolvimento de impulsos e comportamentos que são fundamentais para a sobrevivência dos humanos em um ambiente específico. É claro que a base desses instintos encontra-se na inclinação geral de qualquer criatura viva em preservar-se, afirma Ichazo.

Instinto é um impulso natural que não depende da vontade, nem da razão, nem do sentimento. Nascemos com três instintos que, equilibrados, servem à sobrevivência e preservação da espécie. São eles: Autopreservação, Social e Sexual (um a um). Porém, no processo de formação da nossa personalidade há uma distorção desses instintos, e um deles se torna dominante (excesso), o outro fica rejeitado (evitamos) e o outro permanece normal. Acontece que, quando o instinto se torna dominante, vive-se em torno dele, pois toda energia é canalizada para satisfazê-lo, visto que é uma questão de sobrevivência.

O Instinto Autopreservação leva a cuidar mais da saúde, de segurança, da alimentação, do repouso, da casa. Eu e eu.

O Instinto Social leva a dar mais atenção às pessoas, aos grupos, à sociedade, sente-se como parte de um todo e está sempre disposto a colaborar naquilo que é comum. Existe uma preocupação com a aceitação e necessidade pelo mundo. Integração à sociedade. Eu e muitas pessoas com interesses comuns.

O Instinto Sexual (um a um) ajuda a dar mais atenção às amizades mais profundas e aos relacionamentos afetivos mais significativos. Existe uma busca constante pela conexão e uma atração por experiências intensas. Eu e uma pessoa específica.

Para entender o centro de conexão de cada tipo, temos que ter todo cuidado para não criarmos o estereótipo. As características aqui listadas não são verdade absoluta, os instintos, os movimentos das ASAS (tipos vizinhos no símbolo, onde temos facilidade de buscar comportamento de apoio e mudança) e as flechas por onde caminhamos em harmonia na busca da evolução de comportamentos que nos deixam confortáveis modificam a autopercepção. Abaixo, algumas características por Eneatipo, utilizando o conceito de motivação principal:

Eneatipo 8 – Motivado e entusiasmado quando consegue usar sua enorme energia de ação para a construção de algo que exige grandes desafios e, até mesmo, sacrifícios. Quanto maior o desafio, o risco, maior é a vontade de enfrentar, transformar e fazer acontecer. Adora agir e se sentir responsável pelos trabalhos e por seus resultados. Gosta da sensação do poder e controle e gosta de estar no comando.

Eneatipo 9 – Motivado com a construção de harmonia entre as pessoas e nos ambientes em que convive, atuando na criação desse clima de bem-estar, de paz, de tranquilidade e, dessa forma, sentindo-se útil, valorizado e incluído, com um sentimento fundamental e motivador de pertencimento. Foca nos desejos, projetos e no entusiasmo das outras pessoas ao seu redor, sentindo-se bem quando elas estão bem.

Eneatipo 1 – Motivado pela busca da qualidade e do aprimoramento e da perfeição. Gosta de melhorar sempre, corrigir os pequenos detalhes, reformar o que precisa ser reformado. Preocupa-se em melhorar seu caráter, suas habilidades, gosta de independência e da autoconfiança. Quer fazer do mundo um lugar melhor, mais organizado e com regras mais justas, que sejam seguidas e que atendam a todos igualmente.

Eneatipo 2 – Motivado e atraído por pessoas que "precisam de ajuda", bem como por pessoas influentes, importantes, bonitas ou em destaque. Gosta muito de encorajar os outros e fazer parte, como peça importante, de seu caminho de sucesso. Quer fazer o bem e atrair coisas positivas para a vida das pessoas que preza.

Eneatipo 3 – Motivado pela superação, pela competição, pelos desafios e pela oportunidade de se destacar e subir com velocidade a escada do sucesso e da realização. Fica entusiasmado com a oportunidade de agir e de mostrar sua competência, atingindo cargos ou metas mais altas. Quando é pressionado para ser eficiente em um ambiente competitivo e, ainda mais, quando tem êxito e impacta na sua imagem, fica entusiasmado.

Eneatipo 4 – Motivado pela possibilidade de dar um toque especial às coisas, fazer diferente, expressar sua criatividade, deixar as coisas mais belas e mais artísticas. Acha importante estar longe do rotineiro, do igual, e buscar sempre o diferente, e sente a possibilidade de oferecer sua contribuição pessoal, para desenvolver o que cada um tem de particular, procurar dar o seu melhor. Calor humano e sensibilidade nos relacionamentos aprofundam sua vontade de estar em um ambiente e contribuir com uma causa.

Eneatipo 5 – Motivado pela busca do conhecimento, pela pesquisa e pelo desenvolvimento de novos caminhos, é um verdadeiro apaixonado pela informação e pelo entendimento de qual a lógica do funcionamento das coisas. Usa a observação, a análise e o raciocínio. Consegue manter o foco e a motivação por um longo período quando o assunto é de seu interesse, e o considera importante. Prioriza momentos sozinho.

Eneatipo 6 – Motivado pela busca de segurança para si e para os outros, tomando as atitudes que julga necessárias para garanti-la. Gosta de trabalhar onde pode fazer análises de risco e planejamento. Normas, regras de conduta, papéis claros e bem definidos e valores que sirvam de sustentação para sentir-se mais seguro.

Eneatipo 7 – Motivado quando há possibilidade de imaginar, planejar e se envolver com novidades, iniciar coisas que nunca foram feitas, empreender novas abordagens e criar um futuro positivo, otimista, com liberdade de ação e de criação. A autonomia para escolher o que quer, como e quando. Sua motivação é maior enquanto houver prazer em realizar o que está fazendo. Gosta quando há movimento, diversos projetos ao mesmo tempo, assuntos diferentes. Usa o bom humor ao lidar com as pessoas e sempre busca algo interessante.

Com a caracterização dos Eneatipos e somando a ordem dos instintos é gerada a classificação dos subtipos, explicando comportamentos diferentes em pessoas do mesmo tipo. Temos o universo de 27 subtipos. Qualquer tipo associado ao instinto de autopreservação, um a um ou social, embasa as diferenças dos tipos. Domingos Cunha, referência em Eneagrama, conceitua: "Subtipo é como se fosse um canal por onde se manifesta a energia da nossa própria personalidade".

Compreender os subtipos faz entender melhor o tipo de personalidade, semelhanças e diferenças de comportamento entre pessoas com tipos de personalidades diferentes e subtipos iguais, ou vice-versa.

Utilizar Eneagrama em organizações é oportunizar aos participantes vivenciar um processo de autoconhecimento a partir dos estudos e descobertas de sábios e tradições espirituais da antiguidade, assim como reconhecer e estimular o processo de transformação e busca de equilíbrio entre a personalidade e a essência, com identificação do Eneatipo do participante e das tendências de tipo que norteiam a cultura organizacional.

O essencial que essa sabedoria traz é tornar conscientes as diferenças entre os comportamentos, conflitos e afinidades nas relações interpessoais, e desenvolver o sentimento de aceitação e compaixão por si mesmo e pelos outros. Os subtipos, as asas e as flechas ajudam a mostrar que não existem pessoas iguais e que a teoria não pode ser reduzida a um estereótipo numérico ou de padrão engessado de comportamento. Avançamos com o modelo de autoconhecimento numa perspectiva de tomada de consciência.

Referências
CUNHA, Domingos. *Coleção eneagrama da transformação: personalidades, tipos e subtipos*. Fortaleza: Karuá, 2016.
CURSINO, Nicolai. *Eneagrama para líderes*. 2.ed. Rio de Janeiro: Qualitymark Editora, 2017.

Capítulo 3

Ressignificando a prática pedagógica de leitura: entre o texto impresso e o digital

Ana Teresinha Elicker & Viviane Mattos Battistello

Apesar das facilidades dos celulares, será que os alunos sabem as diferenças de um texto impresso, em um livro didático, para um texto digital, encontrados na Web? Nesse ínterim, a tecnologia apresenta-se como mediadora da prática pedagógica de leitura.

Ana Teresinha Elicker

Doutoranda em Diversidade Cultural e Inclusão Social (FEEVALE/2019). Mestre em Letras (FEEVALE/2019). Especialista em Gestão Escolar (UFRGS/2011) Especialista em EJA (PUC/2005). Graduada em Letras (FEEVALE/2004). Escritora e Professora na rede pública de ensino. Palestrante para formação docente; educação e relações familiares. Com experiência, em textos digitais, linguagens, multiletramento e interdisciplinaridade. Vencedora das etapas: Estadual e Regional do 11º Prêmio Professores do Brasil, MEC. Bolsista CAPES.

Viviane Mattos Battistello

Doutoranda em Diversidade Cultural e Inclusão Social (FEEVALE/2019). Mestre em Letras (FEEVALE/2019). Graduada em Letras (FEEVALE/2005) e Pedagogia (UNINTER/2016). Especialista em Psicopedagogia Clínica e Institucional (UNILASALLE/2012). Especialista em Formação de Docentes (UNINTER/2013). Tem experiência nas áreas de Aquisição da Leitura e da Escrita, Letramento, Letramento Emergente, Transtorno do Espectro Autista (TEA), Distúrbios de Aprendizagem, Leitura. Bolsista CAPES.

Contatos

Ana
anaelicker@hotmail.com

Viviane
vbattistello@gmail.com

A era digital está em ebulição, modificando nossa cultura e nossos hábitos e, no que tange à leitura, isso não poderia ser diferente. A leitura é um processo de interação entre o leitor e o texto; entretanto, isso exige a presença de um leitor ativo que processa e examina o texto, conforme Solé (2014). Em outras palavras, lemos para alguma finalidade.

Atualmente, a conexão com a *internet* contemplou novos leitores e aproximou diferentes tipos de textos, que exigem novos letramentos. O termo letramento é um conceito relativamente novo no Brasil; contudo, o desenvolvimento de novas tecnologias agregou ao termo a concepção do letramento digital.

Ademais, o conceito de letramento refere-se às "práticas sociais de leitura e escrita e os eventos em que essas práticas são postas em ação, bem como as consequências delas sobre a sociedade". (SOARES, 2002, p. 2). Assim, o leitor embarca nessa evolução, utilizando outras maneiras de ler, muito mais dinâmicas, envolvendo não apenas as palavras, mas também imagens e sons, por exemplo. Todos esses recursos estão na palma da mão, nos dispositivos móveis (celulares e *tablets*), presentes em todos os lugares, inclusive na sala de aula.

Assim, as práticas de leitura e de escrita invadem as telas de maneira sutil, exigindo que o leitor domine as habilidades e competências de seu uso, seja pelos gêneros textuais usados em sala de aula, seja pelos gêneros digitais emergentes, por meio das redes sociais, *blogs*, plataformas, comércio eletrônico, grupos de mensagens instantâneas, jogos, *sites* de buscas, propagandas, ente outros que o universo digital proporciona.

Dessa maneira, a sala de aula é um ambiente híbrido, em que o uso de textos impressos ainda é muito presente nos livros didáticos que dinamizam opções de atividades com textos digitais, utilizando, muitas vezes, os QR *codes*, que direcionam para sites. Isso ressalta a "necessidade de que os alunos aprendam a processar o texto e seus diferentes elementos, assim como as estratégias que tornarão possível sua compreensão". (SOLÉ, 2014, p.20).

Diante disso, ainda é um desafio para o professor realizar uma prática pedagógica que integre do texto impresso ao digital e motive o aluno a usufruir os recursos tecnológicos que a cultura digital apresenta por meio dos hipertextos, que trazem, de maneira facilitadora e interativa, muito mais informações e conhecimentos ao contexto escolar e não escolar.

Em conformidade a esses pressupostos, a Base Nacional Comum Curricular (BNCC) "procura contemplar a cultura digital, diferentes linguagens e diferentes letramentos, desde aqueles basicamente lineares, com baixo nível de hipertextualidade, até aqueles que envolvem a hipermídia" (BNCC, 2018, p. 68).

Assim, é relevante o empoderamento do professor para lidar com os novos desafios tecnológicos por meio da prática pedagógica que contemple os diferentes letramentos, para que possa auxiliar, com êxito, seus alunos nativos digitais.

Diferentes letramentos, diferentes práticas

No escopo da cultura digital, a realidade é permeada por diferentes práticas e letramentos, cujo processo de ensino aprendizagem ocorre de maneira interativa e colaborativa. Com isso, é necessário o desenvolvimento de novas competências e habilidades cognitivas e motoras para as diferentes práticas de leitura.

Para trabalhar em sala de aula com alunos em situação formal de aprendizagem, o professor deve, antes de tudo, ter domínio dos recursos tecnológicos que pretende usar, ou seja, ser letrado digitalmente. É preciso perceber que, hoje, os alunos estão agrupados em redes, tendo noção de pertencimento ao mundo digital, diferente dos adultos não nativos digitais.

Os alunos nativos digitais têm acesso a inúmeros aplicativos que servem para a busca de leitura e de produção de textos. Diante dessa realidade, com pouca orientação, eles utilizam suas habilidades de usuários contínuos, transitando facilmente no meio digital, cabendo ao professor mostrar o gênero de texto que pretende estudar em determinada aula.

Podemos citar, por exemplo, em uma tarefa, que o professor tem por objetivo usar os gêneros textuais, e, para isso, a produção de um simples bilhete. Tendo a linguagem como um sistema de comunicação humana com diferentes funções, esse bilhete terá sua organização que vai caracterizá-lo como um gênero. Logo, o processo de comunicação se dará por intermédio da transmissão e da compreensão das informações entre o emissor e o receptor.

No entanto, hoje, estamos nos distanciando do bilhete físico, pois os pequenos recados são dados pelo uso dos aplicativos de comunicação social amplamente aceitos. As diferenças do bilhete manual e o digital são as possibilidades de adereços, como: sons (podendo ser recado de voz), imagens, além da entrega imediata por meio do texto digital.

Em contrapartida, em sala de aula, os alunos presenciam, por meio do uso dos livros didáticos, em sua maioria, a leitura de textos e interpretação textual, com enfoque gramatical. Esses textos, por sua vez, estão disponibilizados de maneira livre na *Web*, com acesso fácil. A medida que o aluno faz a leitura do texto no livro, fica limitado apenas às informações contidas nele, enquanto que, ao ler virtualmente, pode ampliar a leitura com buscas nos *links* vinculados, tendo, é claro, maior necessidade de não perder o foco da leitura, com acesso a muito mais informações.

Tanto em sala de aula quanto em outros espaços, é habitual que os alunos utilizem o hipertexto. De acordo com (Leão, 1999), o hipertexto é um documento digital composto por diferentes blocos de informações interconectadas, de maneira que as informações são interligadas por elos associativos, ou seja, por meio dos *links*. Eles permitem que o usuário avance na leitura, na ordem que desejar. Assim, como o uso da hipermídia que é uma tecnologia que engloba recursos do hipertexto e multimídia, ela permite, ao usuário, navegar por diversas partes do texto digital, também na ordem que quiser.

Entretanto, Xavier (2010) chama atenção para a necessidade de aprendermos a conviver com os avanços tecnológicos e para não ficarmos à margem deste que universaliza o modo e as relações de produção dos bens materiais e simbólicos na contemporaneidade, por meio das tecnologias de informação e comunicação (doravante TICs).

Do texto impresso ao texto digital

As TICs estão mudando além da forma com a qual as pessoas se comunicam: elas também mudam a maneira de como as pessoas adquirem o conhecimento. Hoje, apenas com o uso do celular ligado à *internet*, é possível obter informações de forma instantânea, com uma pequena busca na *Web*.

Embora existam as vantagens e desvantagens do hipertexto, como a falta de linearidade dos hipertextos, que ora ampliam as escolhas para o entendimento do leitor, ora há o excesso de fragmentação textual, existe esse modelo que permite a dispersão e a confusão de entendimento do leitor iniciante no ciberespaço. Mas um leitor mais experiente é capaz de selecionar os *hiperlinks* que mais lhe interessam.

Portanto, o leitor emancipado é capaz de compreender as diversas maneiras que diferem das intenções do autor; ademais, pode publicar as suas ideias e, uma vez na rede, estas passam a pertencer a todos os seus usuários. Assim, torna-se favorável ao desenvolvimento de atividades de leitura digital, com o uso de recursos multimodais e hipertextos.

Entretanto, questiona-se se os alunos sabem mesmo identificar as diferenças e utilizar de forma efetiva os textos impressos e digitais. Os alunos nativos digitais têm mais intimidade com as tecnologias, pois vêm de uma relação contínua das mídias digitais, uma vez que eles cresceram entre o *online* e *offline*, e a rotina virtual é parte do seu cotidiano.

Há algum tempo, os ambientes formais de aprendizagem oferecem várias atividades com o uso de tecnologias, como o envio e a solicitação de temas de casa, trabalhos acadêmicos, acessos *online* de alunos nas páginas das escolas, fóruns, bate-papo e uma infinidade de informações ao toque na tela.

Assim, a cibercultura que entendemos como as transformações culturais nos espaços digitais traz consigo novas leituras dentro da linguagem digital. O mundo digital faz parte da realidade, e Lévy (1999) acredita que a cibercultura coloca o ser humano diante de um mar de conhecimento, onde é preciso escolher, selecionar e filtrar as informações. Isto é, o texto virtual é um hipertexto que cabe ao próprio leitor se manter no foco, pois, ao mesmo tempo em que pode migrar em *links* dispostos nas páginas dos *sites*, também deverá voltar ao texto original de leitura.

Lévy (2003) acrescenta ainda que a existência do virtual potencializa a inteligência coletiva e possibilita a cibercultura, uma revolução no modo como as pessoas aprendem, trabalham e se relacionam. Desse modo, é fundamental que a sala de aula se torne um ambiente favorável ao ensino e às práticas sociais de leitura e escrita, já que os eventos de letramento ocorrem a todo instante, principalmente por meio das produções coletivas e cooperativas do conhecimento, denominadas de hipertextualidade, causando um grande impacto na comunicação e, portanto, torna-se necessária a ressignificação das práticas de leitura.

Referências

BNCC.(2018) *Base Nacional Comum Curricular*. Fonte: Ministério da Educação. Disponível em: <http://basenacionalcomum.mec.gov.br/#/site/início>. Acesso em: 9 de ago. de 2019.

LEÃO, Lucia. *O labirinto da hipermídia*. São Paulo: Iluminuras,1999.

LÉVY, Pierre. *Cibercultura*. Rio de Janeiro: Editora 34, 1999.

_____. *A inteligência coletiva: por uma antropologia do ciberespaço*. Trad. Luiz Paulo Rouanet. São Paulo: Loyola, 2003.

PRENSKI, Marc. *Digital natives, digital immigrants*. Disponível em: <http://www.marcprensky.com/writing/Prensky%20%20Digital%20Natives,%20Digital%20Immigrants%20-%20Part1.pdf>. Acesso em: 9 de ago. de 2019.

SOARES, Magda. *Novas práticas de leitura e escrita: letramento na cibercultura*. Disponível em: <http://www.scielo.br/pdf/es/v23n81/13935>. Acesso em: 9 de ago. de 2019.

SOLÉ, Isabel. *Estratégias de leitura*. e-PUB.6.ed. Porto Alegre: Penso, 2014.

XAVIER, A.C. *Leitura, texto e hipertexto*. In: MARCUSCHI, L. A.; XAVIER, A.C. (Org.) *Hipertexto e gêneros digitais: novas formas de construção dos sentidos*. São Paulo: Cortez.p.207-220, 2010.

Capítulo 4

Saga e plenitude

Cida Rocha

Por meio de um olhar sistêmico, entendemos que nossos pais não têm que ser perfeitos pelo fato de serem nossos pais e que eles fizeram o que sabiam fazer, dar-nos a vida já é o bastante para sermos eternamente gratos.

Cida Rocha

Executive life coach pela SLAC (Sociedade Latino Americana de Coach), reconhecida pelo MEC, IAC (International Association of Coaching), EMCC (European Mentoring & Coaching Council), terapeuta *ThetaHealing* pelo THInK – ThetaHealing Institute of Knowledge, facilitadora sistêmica familiar certificada pela PHD, palestrante. Certificada em "Hipnose Clínica", em PNL – escritora e poetisa. Livros publicados: *Antologia - cantos da cidade* (Ética Editora); *Antologia Dez'virtuados Poesia* (Editora INDE); *Primeira Ontologia Mundial de Cultura e Literatura* (AMCL); *Segunda Ontologia Mundial de Cultura e Literatura* (AMCL); *Cicatrizes de minh'alma* (UNY Editora). *Acadêmica da AMCL* (Academia Mundial de Cultura e Literatura), cadeira 97, patrono Ferreira Gullar, com trabalhos lidos em mais de 80 países.

Contatos
cidarocha1@hotmail.com
Instagram: @cidarochasuperacao
YouTube: Cida Rocha
(98) 98226-2395

Após vários anos de estudos e vivências comportamentais, cheguei à conclusão de que minha história não poderia ter sido diferente do que foi, e está sendo, tive uma infância conturbada sem uma base familiar sólida, pois faltava por parte de minha mãe um entendimento do que era ou não saudável para a construção das minhas emoções, a única coisa que ela sabia dar era exatamente aquilo que lhe fora dado, ou seja, uma educação à base de violências e castigos severos, às vezes excedendo a uma tortura psicológica. Uma criança, em sua inocência, jamais entenderia aquelas distorções, já que o natural seria que seus pais a amparassem, com carinho e amor. Não foi esse o meu caso, ainda bem pequena, na faixa dos 7 anos, minha mãe entendia que eu precisava estudar, por isso me tirava do seu convívio para que pudesse ter acesso à educação, lembro-me do quanto era difícil para mim ficar longe de sua presença, já que o amor que lhe tinha sobrepujava quaisquer castigos.

Mas, para o meu entendimento, era menos doloroso ficar do seu lado sob seus castigos do que estar com pessoas estranhas que eu não amava, lembro-me perfeitamente do tamanho da dor que sentia com sua ausência. Assim fui crescendo, os vários tipos de *bullying* nas escolas que pareciam não ter fim e a falta de concentração nos conteúdos escolares, e ainda tinha que arcar com responsabilidades de um adulto para garantir minha permanência nas casas em que morava, e minha mãe sempre firme em seu propósito, de que eu teria que estudar. Eu me tornei uma adolescente frágil e insegura, minha carência era tamanha que qualquer sinal de amor era uma explosão de alegria, cheguei a adotar uma outra mãe, pois tudo o que eu queria na vida era uma família estruturada, que pudesse servir como referência à minha pessoa. Ali, recebi afeto, carinho e proteção, que é tudo que um adolescente precisa, com isso veio a crise existencial, aí eu já não reconhecia mais aquela mãe legítima como tal. Travei dentro de mim uma batalha silenciosa, minha mãe sofria com a minha indiferença, e eu já não sentia mais aquele amor de outrora.

Dia após dia, fui me afastando devagarinho de minha família verdadeira, os sentimentos que agora evadiam-se de minha mente eram indefinidos, sabia apenas que agora podia dividir minha solidão com a família que adotara, mas o tempo foi passando e o vazio continuava a tirar a minha paz. Nesse espaço de tempo, já havia trabalhado em vários empregos, todos sem sucesso, e os estudos de mal a pior. Comecei, então, a idealizar um casamento, pois por meio do mesmo poderia ter minha própria casa e alguém que me amasse de verdade. O que não aconteceu. Descobri, apesar de tudo, a profissão dos meus sonhos, tomei uma dura decisão, pois teria que abrir mão da família de coração, assim o fiz, ali a carência já dava lugar a um sonho: tornar-me uma profissional da área da beleza.

Fui me qualificando mais e mais, até conseguir meu próprio espaço, já com 27 anos conheci meu esposo, ali coloquei todas as minhas expectativas de um conto de fadas, tinha certeza de que todas as minhas carências seriam sanadas e, enfim, encontrara alguém que me amaria de verdade. Comecei a esperar de um marido o amor do pai que nunca tive, nasceu meu primeiro filho, o momento mais sublime de minha vida. Surgiu então o convite para ministrar cursos no Senac–MA, onde fui instrutora por um período de cinco anos. Nessa época, começou a cair a ficha de que meu marido tinha problemas com bebida, bem, nem preciso explicar a destruição que os vícios causam em uma família. Foram nove anos de sofrimento, quando decidi pela separação. Renunciei a tudo que havia construído, para criar meu filho em paz, mudei de cidade e recomecei tudo, praticamente do zero.

Mais uma vez eu me encontrava sem apoio e sozinha, além do meu espaço de beleza, também era instrutora técnica e palestrante de uma grande empresa do ramo de cosméticos (Anaber Cosméticos). A essa altura do campeonato, Cida Rocha tornara-se uma marca, afinal fui a primeira cabeleireira maranhense a me formar em técnica e palestrante, ministrando cursos e formando milhares de profissionais em quase todo o país. Cada dia que passava, mais eu tinha a convicção de que estava fazendo o que amava, não media esforços, me apresentei em todas as melhores feiras de beleza do Brasil. O melhor de tudo é que nada disso subia à minha cabeça, tinha uma maneira peculiar de ensinar as pessoas, a humildade era uma ótima ferramenta, afinal, era assim que eu conquistava meu público, aquela sensação de me sentir amada era muito mágica. Só que comecei a ter compulsão pelo trabalho, já não respeitava meus limites, levando meu corpo à exaustão, praticamente trabalhava sem parar, pois queria dar ao meu filho o que não tive.

Como tinha duas áreas em que atuava, o salão e a empresa, fiquei sem descansar meu corpo por anos. O cansaço e a irritabilidade eram visíveis, mas era como uma droga, precisava estar com a mente ligada, quando ficava sem trabalhar apenas as bebidas me relaxavam.

Permaneci nessa maratona dupla por longos quinze anos, foi aí que comecei a sentir-me cansada. E, logo em seguida, vem a morte de minha mãe, sendo um evento devastador para a minha vida, mal sabia eu que agora toda aquela carga do passado continuava a me perseguir, sem minha mãe viva como poderia me retratar dos desprezos que lhe causei, comecei a me sentir sem forças e o sentimento de desamparo nunca foi tão visível em minha vida, me sentia literalmente órfã, era como se tivesse perdido toda minha referência de vida. A essa altura, o remorso e a culpa invadiram minha mente.

Toda aquela carga do passado desenvolvia um misto de amor, arrependimento e culpa. Começavam ali as mutilações, cheguei a arrancar as unhas dos pés e me queimava com cigarros, mal sabia eu que ali começava a viagem que fiz pelo deserto do horror. Comecei a sentir dores exacerbadas e intermitentes, fraturas espontâneas por todo o corpo, acompanhadas de uma forte depressão. Vim a ficar de cadeira de rodas por um período de seis anos, acometida por uma doença raríssima e, sem poder trabalhar, cheguei a perder tudo o que conquistei, ficando até mesmo sem um teto para me abrigar.

No começo foi avassalador, pois migrava de médico em médico, sem nenhum resultado, e a ideia deles era de que eu não voltaria mais a andar, mas minha vontade de viver sobrepunha todas as limitações e dores, mas nem isso me tirava a convicção de que iria me curar. Foi exatamente no meio da dor que descobri a poesia.

Em 2015, comecei a escrever e publicar nas redes sociais, foi assim que começaram a surgir os convites. Surgiu então dentro de mim um misto de dor, sofrimento e paz, cada vez que me concentrava para escrever, como um passe de mágica, surgiam poemas lindos. Todas essas obras publicadas foram escritas no leito de dor, entre as internações hospitalares e o lar de alguém que me acolhia, já que não tinha onde morar.

Por conta da artroplastia bilateral de quadril, cirurgia ortopédica utilizada para substituir a articulação do quadril por uma prótese de metal, de polietileno ou de cerâmica, tive duas paradas cardíacas, ficando em coma por duas semanas na UTI. Sem perspectivas de retornar, veio a grande surpresa, ali estava eu de volta sem saber nem mesmo quem eu era, para os médicos era sempre um mistério, mas aos poucos fui percebendo que havia mais uma chance de continuar a batalha pela vida. Somente no final de 2016 o médio endocrinologista, Dr. Gilvan Cortez, descobriu o diagnóstico, "osteomalácia oncogênica", no começo de 2017, a cura, depois de duas grandes cirurgias.

Um ano depois, já havia descoberto minha nova convicção, cuidar do estado emocional de pessoas, é impossível retratar tudo com precisão, pois assim não sobraria tempo para eu relatar a melhor parte: a plenitude.

O fato de estar relatando a minha história e querendo mostrar ao leitor a necessidade de buscar ajuda o mais cedo possível para curar as emoções que carregamos do passado, que podem serem devastadoras em nossas vidas. Toda doença que se manifesta em nosso físico é desenvolvida primeiro em nossa alma, por isso toda cura deve começar de dentro para fora, quando a alma não suporta o peso das emoções negativas, nosso corpo é usado como âncora e ali dispara um gatilho, como forma de encontrar ajuda.

Outro fator importante que a doença nos proporciona é desenvolver resiliência, se tivermos sabedoria, podemos extrair grandes aprendizados e, consequentemente, autoconhecimento, sempre fui uma pessoa bacana, porém o mais importante deixava de lado, pois os outros eram sempre prioridade, e eu sempre ficava em último plano, inconscientemente, ao dispensar cuidado às outras pessoas, eu me sentia recompensada, com certeza todo esse comportamento era gerado pela carência afetiva desenvolvida na infância. Passei a vida inteira me vitimizando, era falta do amor de mãe, do pai biológico que não conheci, um casamento fracassado, ou seja, um prato cheio pra me tornar uma preza fácil das armadilhas da mente.

Hoje os estudos comprovam que somos absolutamente responsáveis por tudo que nos acontece, de bom ou ruim. Se trouxermos tudo isso ao nosso consciente, podemos trabalhar nossas emoções, evitando desenvolver em nosso inconsciente esses comportamentos destrutivos, é tudo uma questão de escolha. Após três anos de minha cura física, também alcancei a cura emocional, que pretendo levar para o resto da vida, quando alcançamos essa cura, encontramos a felicidade e desenvolvemos uma plenitude que não tem preço, é tudo muito mágico.

Atualmente ainda tenho algumas sequelas da doença, levo uma vida repleta de grandes conquistas, trabalho com grupos de mulheres onde posso estar trabalhando todas essas questões emocionais e comportamentais, evitando assim que muitas delas tenham que passar por um deserto de dor para se autoconhecer, e com isso saiam do piloto automático e, por meio da meditação e de outras técnicas aplicadas, possam ter um encontro com o seu eu interior. É um trabalho extremamente recompensador, pelo fato de testemunhar vidas totalmente transformadas.

Sempre falo que encontrei pérolas no fundo do poço, pois com a doença prolongada eu não tinha outra opção que não fosse silenciar a minha alma, e com isso aprendi a sentir as necessidades do meu eu interior. A poesia foi um bálsamo curador para todas as feridas da alma, enquanto eu as escrevia, eu me transportava para um mundo de silêncio e paz, e já não tinha mais dúvida da minha cura, o que não demorou para acontecer.

Posso dizer que passei por uma pós-graduação espiritual, hoje tenho uma intimidade com o criador que foge ao meu entendimento, foram embora as dores do passado, não tenho ansiedade pelo futuro, e passei a viver um dia por vez. Infelizmente, na maioria das vezes em que nos deparamos com uma transformação desse nível, sempre é por meio da dor, mesmo o ser humano sendo dotado de raciocínio e entendimento, dificilmente consegue ter essa evolução apenas com o autoconhecimento, pois toda mudança interna requer muita disciplina e perseverança. Apesar de que, hoje, estão cada vez mais acessíveis ferramentas que podem beneficiar todos aqueles que estão dispostos a passar por essas mudanças.

Para chegarmos a esse nível de compreensão, é necessário dominar o nosso ego, sem isso é impossível acessar a nossa consciência de humildade e perseverança, para atingir nosso estado desejado, que às vezes nem está muito longe de nosso alcance, basta apenas nos comprometermos com nós mesmos.

Sempre que procuramos o que queremos encontrar, fora de nós mesmos, estamos desperdiçando energia do nosso campo de equilíbrio, e ficando cada vez mais distantes de nossos objetivos, portanto devemos ter serenidade, mesmo nos momentos mais difíceis, com isso podemos ter certeza de que seremos protagonistas de nossas próprias histórias.

Referências
CURY, Augusto. *Nunca desista de seus sonhos*. Rio de Janeiro: Sextante, 2019.
MURPHY, Joseph. *O poder do subconsciente*. 81. ed. Rio de Janeiro: Best-Seller, 2018.
ROCHA, Cida. *Cicatrizes de minh'alma*. Apucarana: UNY Editora, 2017.
VIEIRA, Paulo. *O poder da ação: faça sua vida ideal sair do papel*. São Paulo: Editora Gente, 2015.

Capítulo 5

O segredo da gestão comportamental na Era da Experiência

Danieli Guimarães

Vivemos a Era da Experiência. A preocupação com a experiência do cliente é tão grande que cega muitos líderes. Mas a satisfação do cliente passa obrigatoriamente pelos profissionais que desenvolvem produtos e serviços. Então, por que não começar dentro da empresa, proporcionando a melhor experiência para os colaboradores? Este artigo trata de empoderar equipes por meio da gestão comportamental.

Danieli Guimarães

Diretora de Gente & Gestão e *Marketing* da GAT Logística. Especialista em *Coaching*. Certificada internacionalmente pelo BCI (Behavioral Coaching Institute/EUA, Reino Unido e Austrália) também é *Practitioner* em PNL e Excelência Humana, Gestão Empresarial, *Marketing* & Vendas. Possui mais de 18 anos de experiência no mundo corporativo e atua como mentora de empreendedores e profissionais liberais.

Contatos
www.danieliguimaraes.com.br
contato@danieliguimaraes.com.br
LinkedIn: https://bit.ly/382Lbnm

Será que existe um segredo para a excelência na gestão de pessoas do mundo corporativo? Eu acredito fortemente que uma gestão centrada no perfil comportamental de cada colaborador seja a estratégia perfeita para a conquista dessa excelência, especialmente atualmente, em que vivemos a Era da Experiência. Na posição de cliente interno, o colaborador busca uma boa experiência no ambiente de trabalho. E, claro, uma boa experiência reflete na retenção de talentos. Reflete no desejo do colaborador de querer ficar em um ambiente em que se sente reconhecido e feliz.

Mas, então, como construir equipes produtivas com pessoas satisfeitas e realizadas? A resposta a esse questionamento é a chave secreta que abre as portas do sucesso na gestão de pessoas e times. E, consequentemente, melhora os resultados de negócios da empresa.

Todo líder deve treinar suas habilidades de liderança diariamente, tendo consciência da importância fundamental do seu papel na corporação. Ser líder exige conhecer cada liderado, saber conduzir e motivar pessoas e equipes a agir. Conhecer os perfis de comportamento dos liderados deve ser fator de primeira importância nas atividades do gestor.

> "Liderança não diz respeito a estar no comando. Trata-se de cuidar das pessoas que estão ao seu comando."
> Simon Sinek

Na era da economia da experiência, um *case* interessantíssimo de sucesso é o da Walt Disney Company. Esse caso ensina que a experiência é o que fica registrado na memória das pessoas. Por exemplo, nos hotéis da Disney, quando uma criança fica doente ao retornar da enfermaria para o quarto, encontra um bilhete desejando melhoras assinado pelo Mickey.

O jeito Disney também está impregnado, de uma forma muito boa, na motivação dos colaboradores, que invariavelmente oferecem além do esperado. Essa magia faz, por exemplo, uma arrumadeira de hotel do *resort* transcender a sua função operacional e compor uma linda cena na arrumação de bonequinhas compradas e deixadas por uma hóspede no quarto.

Portanto, colaboradores inspirados e motivados, organização, maneiras criativas de capitalizar a inteligência são aspectos da abordagem Disney para a gestão de pessoas, que foi criada em 1986 e permanece muito atual.

Formação de times estratégicos

O pressuposto de um time é o entrosamento. É como uma dança, que exige dos parceiros sintonia e sincronia. Para uma equipe funcionar bem, os integrantes precisam se complementar, ter perfis complementares. Portanto, cabe ao gestor o papel de olhar o perfil de cada colaborador para construir times entrosados.

A habilidade de configurar as equipes de trabalho é o ponto crucial para o sucesso dessa gestão. Sendo assim, saber arquitetar e combinar os diferentes perfis dará ao líder a estrutura necessária para conduzir e gerir times de sucesso. Times que possam suprir e suprimir os *gaps* (lacunas) que a empresa tenha.

Aprender essa dança se tornou mandatório para qualquer líder dessa Era da Experiência. No entanto, muitos líderes ainda cometem erros por desconhecimento da gestão por perfil comportamental.

O mais comum e principal erro é cair na armadilha de compor a equipe apenas com pessoas semelhantes. É uma forte tendência do ser humano, já que gostamos e nos sentimos bem convivendo com pessoas parecidas conosco.

Se você tem um perfil analista e colocar no seu time apenas profissionais com perfis analistas, por exemplo, seu time se tornará analista puro e não terá a flexibilidade necessária para mudanças de rumo em um plano, nem a criatividade para descobrir novos caminhos. E isso certamente fará com que os *gaps* permaneçam, ou pior, aumentem mais e mais.

Como conhecer e interpretar os perfis comportamentais

Para conhecer os perfis dos membros de seu time é recomendável realizar testes comportamentais. Existem diversas ferramentas que auxiliam nessa descoberta. A mais conhecida do mercado é o DISC – teoria apresentada pelo psicólogo William

Moulton Marston em seu livro *Emotions of normal people*, publicado pela primeira vez em português no ano de 2014, com o título *As emoções das pessoas normais*.

A metodologia DISC apresenta quatro perfis que são a base do comportamento humano: Dominância, Influência, Estabilidade e Conformidade ou Cautela. O teste ajuda a identificar o padrão predominante de comportamento da personalidade. Sendo assim, além de assertividade na gestão e no desenvolvimento de pessoas, a ferramenta permite uma análise mais justa do comportamento. Existem perfis mais adequados a determinadas funções.

Conheça cada um dos quatro perfis do DISC:

1. **Dominância (D)** – Perfil de comportamento orientado à ação. São pessoas ativas ao lidar com problemas e desafios, costumam ser diretas, exigentes e determinadas em seus objetivos. O perfil de dominância é motivado por desafios e eficácia e busca por resultados;

2. **Influência (I)** - A influência está relacionada às pessoas que utilizam o poder da comunicação, são orientadas aos relacionamentos interpessoais. Gostam de conversar e usar táticas de persuasão de forma amistosa. O perfil de influência é motivado por liberdade e criatividade e busca por relacionamento;

3. **Estabilidade (S)** - Esse perfil define as pessoas que buscam a segurança e não gostam de mudanças súbitas. São pacientes, persistentes, gentis e calmas. O perfil de estabilidade é motivado por segurança e lealdade e busca colaboração;

4. **Conformidade (C)** - A conformidade ou cautela, por sua vez, é a característica das pessoas disciplinadas, precisas e analíticas, que buscam o perfeccionismo. São pessoas que valorizam regras, regulamentos e estruturas. O perfil de cautela é motivado por altos padrões e eficiência e busca por precisão.

Na prática, podemos exemplificar assim: uma pessoa com alto índice de estabilidade e baixo nível de dominância tende a se estressar atuando em cargos de chefia, enquanto alguém com elevado índice de dominância e baixo de estabilidade pode ter dificuldades de acatar ordens.

Porém, na mente humana, tudo é relativo, as pessoas podem dosar os perfis dentro de si para determinadas situações, aperfeiçoando e evoluindo seu jeito de ser.

Conhecendo os perfis comportamentais dos seus liderados, o gestor terá entendimento e informações relevantes para construir e conduzir os times estrategicamente, fugindo do achismo e das tentativas e erros. Equipes equalizadas resultam em desempenho mediano. Portanto, sabendo mesclar os perfis predominantes, o líder consegue potencializar os pontos fortes do colaborador.

É importante salientar, ainda, que o perfil não é estático. O perfil vai mudando com o passar do tempo e das experiências. Por isso, recomendo que o teste seja refeito a cada ciclo de seis meses.

Gestão comportamental na prática

Ter consciência de que o perfil comportamental não é estático torna mais claro para o líder que ele precisa ficar atento às mudanças de comportamento de cada integrante e da equipe como um todo. Mas, atenção, se você é líder e está iniciando esse processo de gestão comportamental, comece pela autoavaliação. Procure uma empresa especializada para conhecer melhor o DISC e aprofundar o seu autoconhecimento, entendendo a utilização como ferramenta de gestão.

Para ficar bem claro, vou exemplificar mostrando como usei o DISC na formação do time de Gente & Gestão da GAT Logística.

Quando entrei na GAT, há quase um ano, o cenário do departamento de recursos humanos era caótico. Havia pessoas sobrecarregadas e descontentes. Decidi conhecer a fundo cada integrante antes de tomar medidas drásticas como desligamentos.

Então percebi que muitas tarefas estavam mal distribuídas e resultavam em falta de produtividade e estresse. Por consequência, alguns profissionais estavam insatisfeitos. Realizei os testes necessários com a equipe e observei por alguns dias se os comportamentos estavam de acordo com os resultados dos testes.

Com essas análises em mãos, pude movimentar as pessoas nas funções e redistribuir tarefas.

Levando uma líder ao time que complementava meu perfil e fazendo novas contratações, totalmente baseada no perfil comportamental e competências, formei um time de alta *performance*.

Lembre-se de que equalizar o time é um erro. Não coloque todos na mesma forma. Pessoas devem ser potencializadas e trabalhar com pares complementares é um excelente recurso.

Forme times coerentes com pessoas de perfis complementares e obtenha pessoas mais felizes em um ambiente harmonioso. Além disso, um time empoderado resulta em altos índices de retenção de talentos.

A gestão comportamental é o segredo da Era da Experiência.

Referências

MARSTON, William M. *Emotions of Normal People*. Ed. Lightning Source, 2007.

Disney Institute. *O jeito Disney de encantar os clientes: do atendimento excepcional ao nunca parar de crescer e acreditar*. Tradução Cristina Yamagami. São Paulo: Saraiva, 2011.

Capítulo 6

Resgate Emocional

Elaine Corgan

Os melhores profissionais de *coaching* são aqueles que aprenderam na prática como transformar seu caos em plenitude! O passado de dor precisa ser ressignificado para contemplarmos paz no presente. Este capítulo é muito pequeno para tal proeza, porém, se implantadas imediatamente as orientações descritas na sequência, garanto que, daqui a dez anos, você não precisará ressignificar o seu agora!

Elaine Corgan

Bacharel em Relações Internacionais (FMU-SP), MBA Executivo em Gestão de Pessoas e Negócios (Cesumar-PR), pós-graduanda em Neurociências e Comportamento Humano (FCE-SP), *master coach* em formação (Line Coaching), analista comportamental, palestrante, estudante de Programação Neurolinguística, Física Quântica, Hipnose e Psicologia Positiva. Uma verdadeira apaixonada por desenvolver pessoas.

Contatos
www.portalparasuamelhorversao.com.br
elainecorgancoach@gmail.com
Instagram:@portalparasuamelhorversao
Facebook: portalparasuamelhorversao
(44) 99764-9222

Os eventos de injustiça

Era uma linda tarde ensolarada em 31 de dezembro de 2016... Uma família como tantas outras preparava os comemorativos para a triunfal entrada do ano novo, e com ele a renovação e esperança que todo *Réveillon* promete. Momento ideal para avaliarmos o que ficou para trás, e nos projetarmos para o novo!

De repente, ocorre algo que foge totalmente ao controle...

A matriarca, pessoa especial, a qual sempre esbanjava saúde e demonstrava a todo instante ser uma fortaleza emocional, no auge dos seus cinquenta e poucos anos... passa mal e é socorrida às pressas...

Naquele exato momento, sua única filha (detentora de laços afetivos extremamente profundos) obtém instantaneamente o sentimento atroz de ruptura, e uma intuição: "Nada mais será como antes".

Meses mais tarde, vem o diagnóstico cruel...

Naquele sombrio cenário de dor, todos se encontravam confusos e desnorteados, sobretudo a filha, pois tudo ocorreu muito rápido, e não houve tempo hábil para digerir as circunstâncias.

Em busca de respostas, paz, luz, evolução pessoal e principalmente forças para continuar, a filha mergulha em um mundo de sabedoria nunca antes explorado.

Por meio do *coaching*, ela consegue enfim identificar níveis submersos de conhecimento, os quais elucidaram todo aquele processo anterior à terrível doença.

Este capítulo foi escrito com a intenção de compartilhar uma mensagem de esperança!

A transformação

Eu sou a filha, e precisei crescer espiritualmente, me reerguer, focar minha energia em prosseguir...

Eu me dei conta disso, quando me encontrava "abandonada" sob o caixão da minha maior referência de vida, meu alicerce, minha amada mãe. Entendi naquele instante que a perda apunhala brutalmente nossa alma e fere a continuação de nossa existência, mesmo assim, havia dentro de mim uma explosão de gratidão... A dor não conseguiu destruir a luz que iluminou nossa jornada juntas e os momentos os quais eu me senti mais amada, valorizada e protegida.

A perda, o luto, a doença e o sofrimento não eliminaram em mim o reconhecimento de que fui a escolhida, honrada e abençoada com uma mãe fabulosa.

A descoberta de que as pessoas não são imortais foi reveladora... compreendo agora que se trata de aproveitar ao máximo as pessoas que (ainda) estão ao nosso lado!

"Conhecereis a verdade,
e a verdade vos libertará."
(João 8:32)

Assim, podemos reforçar o processo de que podemos perder a qualquer momento a saúde, o amor, as finanças, um ente querido, ou qualquer coisa, porém, enquanto isso não ocorre, nos deparamos com o poder de contemplação do agora!

O ato de ressignificar

Se houvesse uma maneira de retroceder no tempo, todavia dispondo dos conhecimentos que possuo hoje, o desfecho da trajetória de minha mãe poderia ter sido completamente diferente.

Tomaria suavemente suas mãos entre as minhas e, com a voz mais confiante possível, profetizaria as seguintes palavras:

Eu vou ensinar a ressignificar todo o mal, toda a dor do passado que entrou em sua vida, e a partir dessa libertação emocional, você estará apta e se sentirá legítima para entrar em ação no presente, focada em uma visão de futuro que faça total sentido, a ponto de desejar arremessar-se com vontade para uma nova etapa, extremamente empoderada de fé, iluminação divina, e propósito real, do sentimento de ser merecedora, e verdadeiramente filha do Criador, em um mundo de infinitas possibilidades...

É significativo frisar que vamos também blindar a mente, pois eventos externos de injustiça vão continuar ocorrendo, sobretudo nunca mais será absorvida a carga negativa... É possível viver a plenitude do agora com paz e sabedoria.

Uma das práticas que nos auxiliarão neste processo é empreender a catarse.

Definição: o termo provém do grego *Kátharsis*, é utilizado para designar o estado de libertação psíquica que o ser humano vivencia quando consegue superar algum trauma, como medo, opressão, ou outra perturbação psíquica.

Praticar a catarse, no entanto, não significa dizer tudo o que você pensa, pois a verdade nua e crua expõe e pode machucar, tampouco é um meio de embromação.

Catarse é permitir que o insulto ou a provocação momentânea seja resolvida no ato, em detrimento de absorção de sentimento de culpa, simplesmente pelo fato de ser evidenciado o sentimento prontamente.

De maneira que quando nosso cérebro, o qual repete padrões sistemáticos de comportamento, ao identificar uma situação parecida, resgate no futuro, que aquela situação já ocorreu anteriormente e não houve nenhum dano emocional.

Origem do caos interno

Como podemos direcionar nosso foco e energia para a gratidão, obter pensamentos positivos e aflorar o mandamento do amor fraterno se vivemos o caos, se somos bombardeados a todo instante com notícias sobre como o mundo tem se tornado cada vez mais inóspito, e nos deparamos com conflitos econômicos globais, desavenças domésticas, preconceitos étnicos, catástrofes ambientais, guerras religiosas, doenças mortais, enfim, todos os tipos de problemas inimagináveis.

Além dos estímulos negativos externos, sofremos ainda com a escassez de inteligência emocional para resolver nossos próprios conflitos internos, ou seja, ninguém nos ensinou a administrar nossas emoções, por muitas vezes caímos na armadilha da autossabotagem em todos os seus níveis mais críticos (mágoa, rancor, ressentimento, vitimização, não merecimento)... Sentimentos negativos que podem causar enfermidades mortais e enfraquecem nosso sistema imunológico.

É preciso atentar-se e direcionar sua energia para o oposto...
Você está disposto a pagar o preço da mudança?

Conquistando a plenitude

"Todos os dias do aflito são maus, mas o de coração alegre tem um banquete contínuo."
(Provérbios 15:15)

Nosso cérebro cria sinapses neurais, repetindo sistemicamente os impulsos de pensamentos de forma cíclica, ou seja, 85% dos pensamentos que tivemos ontem serão repetidos hoje, estes se tornarão hábitos, que se tornarão rítmicos.

Devemos batalhar com afinco pelos pensamentos que não são bem-vindos em nossas mentes. Nós podemos escolher o que pensamos e devemos lutar arduamente vestindo toda a armadura de Deus para esse propósito.

Tudo o que for verdadeiro, tudo o que for nobre, tudo o que for correto, tudo o que for puro, tudo o que for amável, tudo o que for de boa fama, se houver algo de excelente ou digno de louvor, pensem nessas coisas.

(Filipenses 4:8)

Quando você se concentra no negativo, exatamente o que você não quer tende a se repetir. Para viver novas experiências temos que mudar o foco imediatamente para a direção oposta.

Minha percepção de mundo foi transformada por meio dos experimentos do cientista japonês Masaru Emoto e de um elemento tão simples e tão sutil que aguça ainda mais nossa mente sobre as particularidades de Deus e do universo.

Por meio do livro *As mensagens da água*, de 1999, foi evidenciado que a água sofre alteração em sua estrutura molecular quando exposta a diversos fatores como músicas, pensamentos, emoções e palavras humanas.

Foram fotografadas então imagens as quais nos revelam algo extraordinário.

Quando a amostra de água é exposta às palavras "Amor", "Gratidão", "Sabedoria", sua estrutura molecular ao congelar-se, formam-se incríveis cristais esculpidos; em contrapartida, quando expostos a expressões como "estúpido", "eu vou matá-lo" ou "eu odeio você", os cristais tornam-se amorfos, incompletos, ou apresentam suas estrutura molecular totalmente desfocada e deformada.

Palavras positivas   Palavras negativas

Elaine Corgan

Agora podemos refletir meticulosamente: se a energia contida em palavras, emoções e sentimentos humanos podem transformar a molécula da água, imaginem o que podem fazer conosco?

Nosso corpo possui cerca de 70% de água em sua constituição... A água carrega em si a sutil mensagem de como devemos viver nossas vidas: ficar atentos a todo momento para conquistar a saúde emocional, purificação pessoal, e manter práticas de paz!!!

Fomos criados para contemplar, amar, agradecer, perdoar; porém direcionamos nosso foco e nos deparamos com sentimentos ruins diante os desafios da vida. Nós nos ocupamos em reclamar, amaldiçoar, culpar, julgar, entre outros pensamentos destrutivos.

As palavras, sentimentos e emoções humanas são expressões da alma... e são repletas de energia, as quais vibram em uma determinada frequência... Por isso, sintonize sua mente no melhor!

O grande *insight* que eu quero proporcionar é o de que não importa o que o outro faz (intencionalmente ou não), cultive pensamentos, sentimentos e emoções o mais harmonicamente possível, a fim de preservar a saúde e a estrutura molecular da água que compõe seu corpo, ou seja, dar atenção ao que mais importa... Você mesmo. Essa é a sua missão, tornar-se sua melhor versão, agora, com os recursos que você possui.

Após esta leitura, você vai continuar a elaborar o mal para si próprio?

Deus é tão perfeito que nos deu livre-arbítrio.

A escolha está em suas mãos.

> A experiência da vida é fantástica, incrível e revolucionária em todos os sentidos e complexidades. A cada dia, a cada amanhecer, e pôr do sol, temos valiosos aprendizados, iluminações, *insights* mentais, inspirações emocionais e infinitas possibilidades quânticas para vivenciarmos diretamente da fonte de vida do universo. Todas as coisas dependem da atenção, do foco, da energia e dos sentimentos que cada indivíduo emana ao campo magnético da cocriação da realidade.
>
> Elainne Ourives

Mapeamento comportamental - Vol. 2

Homenagem à Rosa Nuncia.

Referências

BRADEN, Gregg. *Efeito Isaías*. Ed. Cultrix, 2000.

CARNEIRO, Caio. *Seja foda*. Editora Buzz, 2018.

CURY, Augusto. *Nunca desista dos seus sonhos*. Editora Sextante, 2019.

EMOTO, Massaru. *As mensagens da água*. Editora Isis, 2004.

HILL, Napoleon. *Mais esperto que o diabo*. Esterling Publisging, 2011.

MURPHY, Joseph. *Telepsiquismo*. Editora Viva livros, 2016.

OURIVES, Elainne. *DNA milionário*. Editora Gente, 2019.

ROBBINS, Tony. *Mensagens de um amigo*. Editora Best Seller, 2017.

Capítulo 7

Não se acostume assim

Eliane Duarte

Aqui você irá descobrir qual é o maior problema da humanidade, e a forma negativa que isso impacta na vida. Entenderá como uma menina conseguiu superar as piores dores da infância tomando a decisão mais importante da vida dela, com isso atingiu o que parecia impossível.

Eliane Duarte

Palestrante profissional, especialista em palestras transformacionais de mudanças e superações. Autora e executora do MIP (Método de Indução Psicofisiológico). Coordenadora de *workshop* para autodesenvolvimento. Formação em Psicologia pela URI – Universidade Regional Integrada do Alto Uruguai e das Missões, pós-graduada em Dinâmicas dos Grupos pela Sociedade Brasileira de Dinâmica dos Grupos. Formação em Hipnose Clínica pelo Instituto Lucas Naves. Certificada em Mediação de Conflitos, experiência Brasil/Argentina. Conclusão da Jornada de Capacitação em Psiquiatria pelo Departamento de Psiquiatria do HC-RS. Certificada em Arte de Perdoar pela Elo, ministrado pelo Dr. Moises Groisman. Formação em Hipnoterapia Ericksoniana pelo centro Sofia Bauer. Conquistou o título de Miss Brasil Sênior após seus 40 anos de idade, o que possibilita acreditar que as realizações podem acontecer inesperadamente.

Contatos
elianedelourdesduarte@gmail.com
Instagram: elianedel.duarte
Facebook: https://bit.ly/32AisVL
YouTube: Eliane Duarte - Não se acostume assim
(54) 99248-9366

Eliane Duarte

Você conhece pessoas estagnadas? Elas não querem mudar. Esse comportamento é o grande mal da humanidade. Talvez você já tenha reparado que atualmente a sua vida está estagnada. Tendo as mesmas crenças e as mesmas atitudes antigas, vai nos mesmos restaurantes, ouve sempre as mesmas músicas. Você está na zona de conforto?

Se sim, está ameaçada, o mundo não tolera pessoas na zona de conforto, esperando um milagre acontecer para realizar algo. Quem não anda para frente fica para trás.

Tudo à sua volta flui e evolui, mesmo se você estiver sentado, lendo este capítulo, achando que está parado. A Terra está girando, suas células estão se regenerando, sua mente está expandindo com o estudo deste conteúdo. Até mesmo suas emoções mudam conforme o momento e a situação. De forma inesperada, você vibra na emoção da surpresa, ou do amor, ou da gratidão, ou da injustiça, ou da repulsa, ou da paz. Você se lembra do primeiro beijo na boca? Foi um tipo de emoção, algo surpreendente.

De qualquer forma, o universo flui e evolui. Pode ser por meio de nós mesmos como pode ser por meio de terceiros, como a tecnologia, a comunicação. A grande questão, que eu gostaria de avaliar com você, é: todos temos as mesmas oportunidades para mudar e prosperar?

Somos uma população global estimada em 7,7 bilhões de humanos, podendo chegar a aproximadamente 9 bilhões em 2030, sendo que a maioria nasceu com cérebro, corpo e saúde perfeitos. Mas a maioria não se sente motivada a mudar. Em alguns casos, os vencedores são os que têm alguma dificuldade e superam. Um exemplo típico é o de uma adolescente do interior, magrela e alta, ultrapassando os padrões sociais. E hoje é reconhecida mundialmente como a maior e mais bem paga modelo, justamente por ter tais características. A extraordinária Gisele Bündchen.

Quem nunca sentiu aquela vontade imensa de transformar sua vida em uma vida melhor. Quem nunca sentiu o desejo de ser reconhecido no trabalho, na família, entre os amigos. Enfim, se tornar uma pessoa melhor a cada dia? Não importa o tamanho dos seus sonhos. Realizar algo é como ter um bebê em casa. Ele precisa de ajuda para dar os primeiros passos. No decorrer do tempo, conquista autonomia e caminha por si só. Isso significa superação. O sonho é assim, ele inicia bebê, depois vai se tornando maior, até chegar à maturidade, no ponto máximo da sua realização.

Dentro de nós existem duas forças impulsoras. Uma é o desejo ardente para mudar, a outra é o medo. Essas duas forças agem como gangorra, enquanto uma está liderando em cima a outra está embaixo. Na grande maioria dos casos, a força líder é o medo. Por que o medo?

Medo excessivo do futuro incerto.
Medo do que os outros irão pensar.
Medo de mudar e perder o que já tem.
Medo de sofrer.

O medo destrói qualquer possibilidade de sucesso. Tem mais gente com medo do sucesso do que do fracasso. Isso significa muitas crenças colocadas nessas pessoas no decorrer da sua existência. Aquelas crenças limitantes que mais parecem rochas sólidas. Mas que precisam se transformar em água corrente. Para falar sobre crenças, seria preciso mais um capítulo. No entanto, a "crença mãe" é ser incapaz. Por isso o mundo ainda não prosperou como deveria. O universo precisa de gente de atitude para ter mais qualidade de vida. Quem não gostaria de viver num mundo de mentes brilhantes? E se fosse justamente você essa mente brilhante? O que você faria por você e pelo mundo?

Pode ser que seu desejo de mudança de uma mente cinza para uma mente brilhante esteja asfixiado pelo medo. O medo asfixia o poder que trazemos dentro de nossa mente desde o nascimento.

Quando você muda e assume sua mentalidade de realizador, todas as possibilidades se abrem para você. Sonhos que pareciam improváveis começam a acontecer. Portas começam a abrir.

O sucesso é intimidador, mas é aquilo que mexe com suas células, autoestima e autoconfiança. Sabemos que não é fácil. Quando parece que tudo que temos é tristeza, dor física e emocional, frustrações e angústias, grandes superações acontecem. Falando nisso, vou compartilhar com vocês a história real de uma menina chamada Gabriela.

Gabriela

Era 1973, nasce Gabriela, numa cidade pequena do interior. Em uma família de oito pessoas, entre pais e filhos. Acostumados a viver com dificuldades, humilhações, dores, escassez de comida e de agasalho. Era o arranjo "se acostume assim". A mentalidade nasceu assim, eram todos assim, então, "não vamos mudar". Até os 12 anos de idade, a menina vivia emaranhada nesse contexto cheio de limitações.

Os pais faziam o possível para manter a família. Mesmo assim, a cama da criança era um sofá velho rasgado num canto da cozinha. Sua casa tinha muitas frestas, passava vento gelado. Deitada naquele sofá, pensando em como seria ter uma cama quentinha e macia, Gabriela chorava baixinho porque não queria preocupar ainda mais os pais.

O alimento que tinham era dividido entre os irmãos e os pais. Comiam rotineiramente milho verde cozido e batata doce. Raramente conseguiam fazer uma refeição básica. Não havia pão nem café nem leite. Às vezes, Gabriela saía na janela e via a amiga Madalena passear pelo bairro, ostentando uma enorme fatia de pão com margarina. Aquele pão parecia tão saboroso, sentia tanta vontade de comer, mas tinha vergonha de pedir para a amiga. Então, imaginava a cena do dia em que poderia comprar qualquer coisa que sentisse vontade.

No meio desse sofrimento havia o sonho de princesa dos contos de fada. O sonho se concretizava como realidade em sua mente, sem perceber usava seu poder mental – que vocês irão descobrir mais tarde, porque estou dizendo isso. Vocês irão descobrir como o sonho de princesa se materializou na vida de Gabriela. Ela tomava banho de bacia de plástico, mas imaginava uma banheira de mármore, branca. Vestia roupas velhas, doadas, mas se via num lindo vestido bordado, fluido, de princesa. Naqueles momentos tudo se transformava em desejo de seguir em frente. Certo dia, vestiu sua roupa imaginária de princesa, olhou-se no espelho quebrado que estava perto da janela do quarto dos pais (único quarto da casa), ajeitou bem os cabelos ainda molhados do banho, foi caminhando em direção à mãe. Conforme caminhava e rodopiava, imitando uma princesa, se aproximava cada vez mais da mãe, que por sua vez mostrou ar de preocupação. E, naquela ânsia de alertar a filha, disse: "Minha filha, não podemos cultivar vaidade, somos pobres, você nunca vai ser uma princesa, se acostume assim".

A menina sentiu o sonho se despedaçar, a sensação de princesa se foi, sentiu o duro golpe da realidade. Uma realidade de frio, fome e vergonha por não ter roupa ou um sapato bonito para usar. Sentia vergonha de convidar outras meninas para sua casa muito pobre, sentia vergonha de ir à escola porque sua mochila era feita de saco de açúcar. Sentia pena de sua família, via seus irmãos chorando de fome. Durante os períodos de Natal, todas as pessoas mostravam os presentes, menos ela e seus irmãos, que acabavam fechando a casa para não ter que explicar por que o Papai Noel não havia passado por lá. Começou a pensar que a morte seria melhor do que aquela vida humilhante.

Aos 12 anos de idade, teve que tomar uma decisão: morrer ou mudar. Então, ela decidiu mudar, para não se acostumar assim. Porque quem se acostuma assim não vive. Quem se acostuma assim acaba morrendo em vida. Pessoas estagnadas caminham pelo mundo sem vida. Sem sentir a sensação das conquistas, sem sentir a sensação de confrontar com os próprios medos.

Aquela criança, ainda pequena, usou a dor da pobreza para superar. A superação pela dor tem gosto de vitória. Sem se dar conta, tomou a maior decisão de sua vida, decidiu criar sua própria realidade. E o início de tudo foi arrumar um emprego.

E seu primeiro trabalho foi como babá de dois meninos. Viu um mundo novo se descortinar na sua frente. Não precisou ir muito longe para dormir numa cama confortável. A mesa farta: tinha pão para todos os gostos, tinha margarina, manteiga, geleia, frutas e tudo mais que nunca havia experimentado, inclusive morango. Por mais que a saudade da família apertasse, o desejo de mudar de vida era maior. Uma menina daquela idade já tinha fome pela sua missão, que era transformar a vida. E você, sempre soube ou já sabe o que quer realizar?

A menina desde cedo sentiu no seu coraçãozinho que deveria moldar seu destino sem culpar o outro, sem culpar os pais ou qualquer outra pessoa por ter nascido na pobreza. Porque se ela se vitimasse não teria chegado aonde chegou. Enquanto era babá já traçava novos planos, porque estava atenta às pessoas que seguiam em frente, sempre alcançavam sucesso. Pessoas de sucesso têm meta focada, por mais que haja obstáculos, elas nunca desistem de atingir suas metas. Aos 17 anos de idade, a menina mudou mais uma vez, indo trabalhar em uma empresa de moda, com marca conceituada no Brasil. Foi suado conseguir a vaga na empresa, porque havia 10 vagas, mas aproximadamente 400 candidatas se empilhavam para conseguir a vaga. A empresa anunciou que queria costureira com prática, mas Gabriela nem conhecia o botão que ligava a máquina de costura. Provavelmente as 400 candidatas sabiam costurar, mas ela não desistiu porque só pessoas com mentalidade de fracasso desistem de seus maiores sonhos. No dia da entrevista, foi bem clara ao dizer que seu maior sonho era trabalhar naquela empresa, foi enfática sem deixar dúvidas. O entrevistador respondeu que se fosse selecionada receberia em três dias um telegrama. Foram os três dias mais longos até o carteiro chegar com a notícia de que fora selecionada. Já se passaram alguns anos e, até hoje, Gabriela lembra daquele momento. Sabia que aquele telegrama representava um marco profissional na sua vida.

Ela não sabia costurar, mas seu desejo de trabalhar na empresa era maior, então aprendeu rapidamente. E foi assim, com essa mesma rapidez, que se tornou engenheira de produção. Valeu a pena seguir sua meta porque nesse período se transformou numa grande profissional. E você tem uma meta focada? A maioria das pessoas responde "eu não sei". Essa resposta está errada. Defina uma meta e não a esqueça, se definir uma meta baixa irá manifestá-la, se definir uma meta alta irá manifestá-la. Uma meta é uma direção, Gabriela fixou uma meta e conseguiu. Tudo começou ao traçar a meta de criar sua própria realidade. Posteriormente traçou nova meta, a de trabalhar na empresa de moda. Seu foco se voltou a tudo que dizia respeito à meta, até ouvir no rádio sobre a procura de costureiras pela empresa.

O tempo passou e Gabriela sentia algo no coração, algo mais forte do que ela, sentiu que tinha uma missão. E sua missão era ajudar pessoas a ultrapassar seus próprios limites. Todos temos uma missão, e a primeira missão é de você com você mesmo. Só depois de cuidar de você vem a missão de cuidar dos outros. Gabriela percebeu que poderia ajudar pessoas. Então se formou em Psicologia. Estava atendendo no consultório, quando algo que parecia impossível aconteceu. Lembram do sonho de princesa, quando Gabriela imaginava e visualizava como se fosse real? Usava seu potencial mental?

O sonho se manifestou por meio de um convite do Miss Universe para representar sua cidade como Miss Sênior. Chegou ao título de Miss Brasil Sênior. Virou celebridade. Quem diria que aquela menina que havia perdido a vontade de viver, por passar por tantos sofrimentos e dificuldades, hoje teria superado tudo e estaria representando as mulheres de todo o Brasil no Miss Universe?

Mapeamento comportamental - Vol. 2

Vocês querem saber quem é a Gabriela? Gabriela sou eu. Se ela conseguiu, você também consegue. Tenho certeza de que seu potencial vai além do que está fazendo hoje. Portanto, não se acostume!

Capítulo 8

Autoconhecimento, a chave para a realização pessoal

Fernanda Pelisson Cossa

Você conhece a si mesmo? É capaz de identificar suas forças e fraquezas, consegue interpretar o que sente, conhece seus desejos e a raiz das suas angústias e ansiedades? Questões simples de responder, mas poucas pessoas trabalham o autoconhecimento, essencial para manter a mente e o corpo em harmonia de forma a alcançar os sonhos e as metas tão desejadas.

Fernanda Pelisson Cossa

Educadora, *master coach* e palestrante. Ao longo de sua carreira, ajudou centenas de pessoas a desenvolver suas habilidades, metas e objetivos para conquistar mais sucesso profissional, autoconhecimento para escolher uma profissão e alcançar uma melhor qualidade de vida alinhada aos seus valores e propósitos. Criadora do programa *Empodere-se Mulher*, ajuda mulheres para que tenham mais autoestima, sucesso profissional, adquiram melhores vínculos afetivos e relações sociais mais saudáveis, independentemente de suas idades e estilos de vida. Atua como *coach* de orientação vocacional, ajudando jovens na escolha de uma profissão e em decisões mais conscientes, maduras, com base na sua vocação e jeito de ser. Sua missão é fazer as pessoas acreditarem que são capazes de alcançar tudo o que elas desejam, como também auxiliá-las em cada etapa de suas conquistas, para que assim consigam subir ao próximo nível em suas vidas.

Contatos
fernandapcmasterco.wixsite.com
Facebook e Instagram: @fernandalifecoach
WhatsApp: (49) 99924-8960

Somos seres humanos com necessidades básicas, é fato, inclusive necessidades emocionais, tais como sentir-se seguro, ter estabilidade, ser cuidado, ter vínculos seguros, lazer, diversão e, claro, a aceitação. Além de tudo isso, precisamos ainda ter autonomia e sentido de identidade para a liberdade de expressar nossas emoções com controle. Uma pessoa considerada psicologicamente saudável é aquela que consegue equilibrar essas necessidades em suas ações diárias ou, pelo menos, se não tem todas as necessidades satisfeitas, de alguma forma busca realizá-las de maneira leve e tranquila. Essa busca para entender como nosso temperamento se relaciona com o meio em que vivemos e as pessoas que convivemos passa pela compreensão de todo esse processo. Compreender bem isso tudo e reconhecer a gestão emocional como objetivo tornam-se importantes ferramentas de felicidade e qualidade de vida. É preciso ter bastante cuidado com hábitos que podem acabar com a nossa felicidade e satisfação das necessidades. Fique ligado e identifique se alguns desses hábitos estão se tornando frequentes em sua vida. A forma com que você olha para os outros e se compara pode gerar sentimentos de raiva, tristeza e inveja. Isso fará você enxergar alguém sempre melhor, mais bonito, mais realizado e com mais satisfação pessoal ou profissional. Se você ficar se comparando, perderá a sua capacidade de ação. Todos temos uma tendência a olhar para a felicidade como algo fora de nós mesmos, em coisas materiais como obter bens e adquirir algo novo, isso é muito equivocado, na verdade é cômodo, fácil. Acreditar em aumento salarial, emprego novo, ganhar na loteria não nos move a buscar, criar, inovar, pelo contrário, não precisa sair daquela posição confortável que muitas vezes é tão bom ficar, a famosa zona de conforto. Mas não se engane, felicidade baseada em conquistas materiais não dura muito tempo. Existem estudos mostrando que a gratidão é um passo para a felicidade. Ser uma pessoa grata ajuda a sentir emoções positivas, saber reconhecer e aproveitar as boas experiências, melhora muito a capacidade de lidar com as adversidades da vida. A educação emocional promove qualidade de vida porque nos ensina a aproveitar o que temos, sejam os bens, os relacionamentos ou talentos. Mudar aquelas crenças do tipo "eu quero ser feliz" para "eu reconheço as coisas boas e valorizo o que tenho" possibilita aumentar nossa capacidade de aproveitar o que já temos e, assim, construir uma vida mais saudável. Parece fácil? Não. Exige esforço, tomada de consciência, autoconhecimento e flexibilidade para sair da condição de vítima e tornar-se protagonista de sua vida.

Que tal começar a praticar o autoconhecimento e descobrir seu propósito de vida? Reflita: o que você gosta de fazer? O que faz você feliz? Do que você não gosta? Quais são seus objetivos pessoais e profissionais? Como e aonde você deseja estar daqui a 5, 10, 15, 20 ou 50 anos? Como as pessoas à sua volta o definem? Quais são suas melhores qualidades? Quais seus principais pontos de melhoria? Quais seus maiores desejos e sonhos? Quais suas maiores realizações? Quais os seus piores arrependimentos? Tudo é um processo, e esse bombardeio de perguntas é a porta de entrada para que você entenda com mais convicção seu interior e seu propósito de vida, o qual está relacionado com a finalidade da nossa existência, conectado com a essência de quem somos de verdade. Ao conseguir identificar qual o nosso propósito de vida, faremos com que tudo aconteça, naturalmente, desde as escolhas que fazemos até desempenhar melhor o nosso papel no mundo. É importante entender que o seu sentido não fala apenas sobre você: influencia a sua família, os seus amigos, os seus colegas de trabalho e... toda a humanidade! Pense um pouco sobre o que pode oferecer a si mesmo e ao mundo. Passe mais tempo em sua própria companhia. Descubra que talentos possui e o que proporciona para você orgulho e prazer, fazendo-o sentir e conquistar paz e felicidade.

O autoconhecimento é um pilar fundamental para apropriar-se desse propósito. É por nós que devemos começar as mudanças que desejamos. Conhecer a si mesmo possibilita prever como reagir a determinadas situações, interpretando os sinais que a mente nos dá, para assim quebrar padrões de comportamento destrutivos e elaborar novas formas vantajosas de viver, de maneira mais equilibrada e leve. Ter consciência da própria identidade nos faz entender o que motiva as nossas emoções e saber a intenção dos sentimentos despertados, assim seremos capazes de respeitar os próprios limites, delimitando o que gostamos ou não, podendo dessa forma identificar sentimentos negativos, sem que eles nos dominem. Além de ter melhor convívio consigo mesmo, a pessoa que se conhece também aprimora seus relacionamentos interpessoais. Agimos conforme as coisas que estão dentro de nosso coração. No coração guardamos emoções, desejos, sonhos, loucuras e muitas outras coisas, cada ser sabe no seu íntimo o que tem guardado ali. E você? O que tem guardado no seu coração? Proteja-o, não permita que seu coração seja cheio de coisas ruins, não o entregue à tristeza e ao que é ruim, talvez você esteja aflito e pensando como fazer isso diante de tantos problemas e dificuldades, como ser alegre neste cenário que estamos vivendo. Cenário esse onde tudo flui com rapidez. O avanço tecnológico desenfreado não nos permite acompanhar com tal velocidade, afetando nossa saúde, inclusive a emocional, o que nos torna ansiosos e depressivos. Muitos ficam abalados por crises econômicas, problemas familiares, doenças inesperadas e avassaladoras. Tenha certeza, a sua alegria não virá dos seus problemas, mas é possível, sim, mesmo em meio às dificuldades, você estar alegre, só você tem esse poder de escolha! A alegria prolonga a nossa vida, tenha essa compreensão e não fique se atormentando, em vez disso, console o seu coração, a alegria não virá mesmo das circunstâncias, mas sim do que seu coração acolhedor, e quanto à ansiedade, fique atento, nem sempre ela é tão ruim, pelo contrário. É normal sentir ansiedade em determinadas ocasiões antes de uma viagem, do casamento, de uma prova e até numa entrevista de emprego. Manter nossa essência saudável e ter controle sobre os sentimentos nos tornam pessoas altamente eficazes ao fazer escolhas. É preciso cuidar dos nossos sentimentos, dos pensamentos, afinal somos o que pensamos. O que você anda pensando? Já parou para pensar que temos uma abundância de motivos para, em vez de nos culpar e cobrar, agradecer pela vida que temos? Experimente começar a agradecer mais por tudo o que tem hoje e dar o devido valor para tudo o que tem. Se algo que tem hoje desagrada você, aceite esse desagrado e também agradeça por ele existir. Afinal, ele é o combustível que faz você ir atrás do que realmente QUER, já que ele mostra o que você NÃO QUER. O cuidado com a autoestima é um dos fatores mais relevantes na busca pelo autoconhecimento, é a maneira pela qual nos avaliamos, ou seja, o resultado da visão que possuímos sobre nós mesmos. Se for positiva, é sinal de que reconhecemos nosso valor pessoal e, consequentemente, temos uma boa autoestima, mas se a avaliação for negativa, nos criticamos demasiadamente, porque temos uma baixa autoestima. Fique ligado a alguns sinais como: necessidade constante de aprovação; fortes cobranças em relação a si mesmo; preocupação excessiva com a estética; isolamento social; dificuldade de sair de relações abusivas. Esses são alguns fatores negativos que indicam sinais de baixa autoestima.

A autoestima interfere em todas as áreas da vida, desde a maneira pela qual o indivíduo se relaciona consigo mesmo e com outras pessoas até seu desempenho profissional, ela interfere em todas as áreas da vida. É muito importante adotar atitudes para tornar a relação consigo mesmo mais saudável e positiva. Procure compreender e aceitar as próprias limitações e falhas, sabendo que cada pessoa tem um jeito, e que o seu não é pior ou melhor que o do outro, apenas diferente. Ame-se dentro do que não pode ser modificado, evite se comparar com outras pessoas, você é único. Dedique tempo para cuidar de si mesmo e fazer o que gosta. Cuide-se com mais carinho, com mais gentileza, com mais paciência... com mais amor! Você merece! Outro fator essencial é a fé, você tem alimentado sua fé? Se necessário, resgate-a, precisamos reiniciar esse processo e, ainda, reconhecer que os bons ainda são a maioria. Ser resiliente, isto é, agir positivamente aos obstáculos da vida, sem entrar em conflito psicológico e emocional. Como diz um provérbio japonês: "Caia sete vezes e levante oito". Apesar de antigo, ele nunca fez tanto sentido como agora, momento em que somos praticamente obrigados a enxergar as mudanças como oportunidades, simplesmente porque não há outra escolha. Mas sim: a resiliência nos beneficia com a capacidade de desenvolver novas competências, de realizar novos projetos, conseguir outros recursos, estimular a criatividade e, por que não, a alcançar nossas metas de forma mais rápida. Porque quando estamos abertos a minimizar o impacto das mudanças é que vamos aprendendo a lidar com as intempéries da vida e, assim, "ganhamos músculos" para seguir o caminho mais forte e seguro.

Mas como minimizar tantos impactos de uma só vez? Objetivo, planejamento e foco. Ter os objetivos claros (e aqui destaco a importância do autoconhecimento), se planejar para alcançá-los e não perder o foco diante das adversidades. Muitas conquistas, novos projetos e ideias inovadoras e disruptivas nascem de momentos de mudança e incerteza, porque neles somos obrigados a, de forma criativa, evoluir.

E a ótima notícia é que o *coaching* pode ser um excelente aliado na luta pelo bem-estar emocional, pois é uma ótima metodologia de desenvolvimento e capacitação. Todo o processo visa promover mudanças positivas e permanentes, bem como alcance de resultados rápidos e assertivos em qualquer área da sua vida, seja pessoal, profissional, financeira, social, familiar ou espiritual.

Com a ajuda deste método, é possível conquistar harmonia e equilíbrio por meio do uso de conhecimentos, técnicas e ferramentas focadas na autossatisfação, realização, estabilidade emocional, foco e, consequentemente, no aumento do bem-estar e da qualidade de vida.

O sucesso não é uma linha reta, mas com o foco no resultado, ou seja, no objetivo final, fica mais fácil compreender que as experiências do caminho são importantes aprendizados. E que, abertas a elas, o universo vai conspirar sempre a favor.

Capítulo 9

Aprender a se conhecer e ensinar a pensar

Filipe Júlio Lopes

Nós precisamos ser conscientes de quem somos, ter a ciência de como agimos, por que pensamos e em que pensamos. Só assim as pessoas poderão ser compreendidas adequadamente, estabelecendo conexão e manejo equilibrado entre razão e emoção.

Filipe Júlio Lopes

CEO da Lopes Instituto, educador físico, pós-graduado em Ludicidade, especialista em Desenvolvimento Humano e *master coach*. Criador do projeto *Aprender a se conhecer* e *Ensinar a pensar*. Ministra palestras, treinamentos e cursos em todo o Brasil na área educacional e empresarial.

Contatos
lopesinstituto@gmail.com
Instagram: lineinstitutoriopardo.mococa
Facebook: Filipe Lopes
YouTube: Lopes Instituto

Filipe Júlio Lopes

> "A principal esperança de um país está na educação adequada de sua juventude."
> Erasmo

A base para uma boa compreensão de todo e qualquer ser humano exige diante de suas necessidades o equilíbrio entre conhecimento e a capacidade manifestada pelo reconhecimento de seu perfil comportamental. Afinal, conhecer como as pessoas tendem a agir e se comportar poderá ajudar os envolvidos no processo educacional, melhorando a comunicação e a compreensão para com todos.

E é por meio dessa perspectiva que convido você, caro leitor, a participar como parte fundamental deste capítulo, propondo-lhe entendimento por meio do autoconhecimento para com seus filhos, alunos e todo e qualquer ser humano na sua mais admirável complexidade.

Preparado? Vamos lá!

As pessoas não conseguem se desenvolver adequadamente enquanto não puderem ser compreendidas em suas maneiras de ser. Buscamos muitas respostas em muitos lugares e de diversas maneiras, apesar de as respostas para muitos questionamentos se encontrarem no entendimento de quem verdadeiramente nós somos.

Contudo, você sabe de fato quem você é, e as pessoas que o cercam como elas agem e por que agem?

À primeira vista, pode parecer fácil, mas será que você tem pensado no que você pensa, você tem percebido quais são os seus comportamentos, e por que você faz o que faz, com quais motivos, e como você, seus filhos e alunos reagem emocionalmente às diversas situações do dia a dia? Desse modo, não parece ser tão simples assim responder a esses questionamentos, não é?

Parte dessas respostas se encontram na camada mais íntima da nossa personalidade, ou seja, de nossos temperamentos, que na maioria das vezes é herdada por parcela de nossa herança genética.

Com certeza muitos de nós já nos perguntamos por que meu filho é tão tímido, ou agitado, por que muitos são extremamente explosivos, ou por que minha sala de aula é tão falante, ao mesmo tempo que a maior parte dos alunos da outra série são ousados e questionadores?

Você já ouviu aquele ditado "ninguém é igual a ninguém"? Pois é, pessoas diferentes têm respostas diferentes a um mesmo estímulo. Logo, há pessoas diferentes, mas que agem com certos padrões de comportamento semelhantes, pelo fato de elas corresponderem ao mesmo temperamento. Dessa forma, professores e pais podem ter a capacidade de sentir, reagir e tornar-se capaz de alterar as decisões em prol do aluno, analisando e conhecendo-o com mais profundidade.

A ideia aqui é exatamente essa, propor a professores, pais e colégios reflexões e ferramentas, com a finalidade de ensinar crianças e adolescentes a desenvolver o autoconhecimento e pensar sobre suas ações. Nesse sentido, faz-se importante entender os perfis comportamentais de nossos alunos.

Perfis comportamentais

Bem, peço que agora, você, professor, pai ou mãe imagine as seguintes situações e veja se isso se enquadra dentro do seu contexto. É importante, pois você passará a entender melhor de que se tratam comportamentos, seus perfis, assim como as pessoas tendem a agir.

Segundo o psicólogo William Moulton Marston, existem pelo menos quatro tipos de temperamento – Dominância, Influência, Estabilidade e Conformidade. Contudo, aqui chamaremos de Executor, Comunicador, Planejador e Analista, assim como foram traduzidos e aprovados para a cultura brasileira.

Executor: é uma pessoa otimista, ativa e dinâmica. Líder nato, não tem medo de assumir riscos e de enfrentar desafios. Tem uma enorme disposição física e demonstra muita determinação. Alunos executores adoram as aulas de educação física, pois são muito competitivos e dinâmicos, adoram tomar a frente das equipes. Alunos com esse tipo de perfil são difíceis de lidar, pois eles não levam desaforo para casa. Contudo, quando alunos executores fazem parte das equipes de trabalho da escola, as mesmas conseguem se destacar, pois eles são criativos.

Ao lidar com esse tipo de perfil, o professor poderá fazê-lo pensar que poderia ser melhor, visto que os executores gostam de desafios e são automotivados. No entanto, eles têm dificuldades em lidar com falta de domínio da situação e não gostam de monotonia. Esse tipo de perfil costuma ser muito prático, tem raciocínio rápido e tende a ser menos empático e mais durão.

Comunicadores: são extrovertidos, falantes e ativos. Esse tipo de perfil tem facilidade com a comunicação e passa de um assunto a outro com rapidez, gosta de atividade que envolva movimentação e autonomia. Alunos com esse tipo de perfil gostam de motivar seus colegas e adoram dar conselhos, estão falando a todo momento. Sabe aquele aluno que interrompe o professor a todo momento, fazendo várias perguntas? Esse é o comunicador. Aonde alunos comunicadores chegam, fazem amizade facilmente, adoram convencer as pessoas com sua conversa, afinal são persuasivos.

Os professores devem se atentar com alunos comunicadores, pois eles se dispersam com facilidade, e ainda podem atrapalhar o restante da sala.

Sendo assim, é fácil distinguir comunicadores dos demais, basta reparar na animação e no entusiasmo, tudo para eles é festa. Contudo, não são organizados e não gostam de rotinas e detalhes. Seus materiais sempre ficam desarrumados.

Os comunicadores tomam decisões ao sabor do coração, são muito emotivos, ingênuos e infantis em algumas atitudes.

Planejadores: diferentes dos demais perfis, os planejadores tendem a ser mais calmos, prudentes e autocontrolados. Atuam com rotinas facilmente, cumprem bem as regras e normas ditadas pelas pessoas. Os professores podem perceber que esse tipo de perfil é introvertido, não gosta muito de brincadeiras e se dá bem nas matérias que exigem cálculos.

Os planejadores anotam tudo em sala de aula e entregam seus trabalhos com o maior capricho. Eles tendem a ser muito individualistas.

Os planejadores apresentam ser mais calmos e reagem às circunstâncias com muita justiça, pensando no bem de todos.

Suas necessidades maiores parecem ser a introversão e a falta de autoconfiança.

Analista: os analistas demonstram ser muito inteligentes, verdadeiros gênios, porém são preocupados e sistemáticos. Alunos analistas odeiam atrasar, são, portanto, pontuais e seguem à risca as regras do colégio onde estudam.

Sua grande marca é o detalhismo e raciocínio rápido. As escolhas dos analistas partem mais pela razão do que pela emoção. Adoram vivenciar experiências novas, bem como apresentar soluções imediatas para os problemas levantados. Apesar de o analista ser comprometido e, na maioria das vezes, atingir bons resultados nas tarefas, os professores devem saber o que falar para um aluno com esse perfil, pois ele pode se magoar com facilidade, afinal é pessimista e tem baixa energia, além de apresentar possibilidade para acometimento de doenças como a depressão.

E aí, já descobriu qual é o seu perfil comportamental? Conseguiu perceber também os comportamentos de seus alunos identificando qual o tipo de perfil que mais se assemelha a eles? Espero que sim, pois dessa forma você não precisará se preocupar ao planejar uma aula para 25, 30, talvez 40 alunos que você, professor, possa ter em cada sala, procurando entender um a um. Pois compreender os quatro perfis ajudará você a tomar decisões mais assertivas, trabalhando apenas com quatro tipos de alunos e suas personalidades, assim como auxiliará os pais a compreender as atitudes de seus filhos, evitando comparações e questionamentos sobre diversas atitudes.

Certamente, a partir de agora, desejo que você aplique este conhecimento dentro de seu contexto, a fim de compreender e agir de forma diferente para com aqueles que à sua volta se encontram. Pois além do manejo equilibrado das emoções, com o desenvolvimento das habilidades comportamentais conseguimos tomar decisões mais assertivas, pensar e refletir antes de reagir aos estímulos, melhorando, portanto, o ensino-aprendizagem e o autoconhecimento sobre nós e para com os outros.

Se queremos alunos mais engajados, é o que temos que fazer, tornando-os seres humanos pensantes de seus próprios comportamentos e não reprodutores de pensamentos alheios. Precisamos deixar de agir no piloto automático e ser construtores da nossa própria história, assumindo o protagonismo de nossas vidas.

É considerável que passemos a entender cada perfil não como destino, mas como ponto de partida, procurando compreensão e sabendo que temos perfis similares, mas que reagem de forma diferente em relação à intensidade, quantidade e em momentos distintos. Trabalhar os perfis comportamentais e suas diversas capacidades e habilidades socioemocionais resultará na transformação da matéria mais importante, que é a matéria da vida.

O fato é que temos de aproximar a escola do desenvolvimento dessas habilidades, enxergando o aluno como parte importante do processo de construção de um mundo onde as pessoas saibam lidar com as diferenças e as inspirando a aprender melhor, posto que, para aprender sobre matemática, física, português, química e as outras diversas matérias que compõem o currículo escolar, primeiramente temos que ensinar nossos alunos a se conhecer e buscar compreender seus sentimentos, comportamentos e as diversas faculdades da mente.

As vantagens de se aplicar o mapeamento de perfil comportamental em estudantes

- **Autocontrole -** Ter o controle de quem somos e adquirir a facilidade de ser diferente de quem somos é um grande sinal de crescimento, de aquisição de novas competências, não de alteração de DNA. Sendo assim, conhecer a si permitirá estimular o autocontrole, entendendo quais são as suas crenças, suas potencialidades e características marcantes de seu temperamento.

- **Orientação vocacional -** Escolher a carreira profissional é tarefa não muito fácil para os jovens, entre seus 16 a 18 anos, por exemplo. Nessa idade, poucos são os jovens que se conhecem o suficiente para essa tomada de decisão. Certamente, não raramente, muitos descobrem, já adultos, que a profissão escolhida foi um engano. A orientação quanto à profissão é um processo científico, integrado ao nosso autoconhecimento, que tende a facilitar a vida do aluno, levando-o a entender o seu perfil e o ajudando com mais precisão a encarar a escolha de sua profissão como um projeto de vida.

- **Relações intrapessoais -** Ter uma boa percepção de si mesmo permite tomar decisões mais acertadas. Após fazer a avaliação de perfil comportamental, seus alunos poderão apontar para suas escolhas a capacidade para a flexibilidade. Ser flexível é ter a capacidade de provocar questionamentos, sugestões, pontuar reivindicações, compreendendo o ponto de vista do colega, respeitando as opiniões contrárias, valendo que somos diferentes, portanto, pensamos diferentes.

- **Relações interpessoais -** Nós vivemos imbuídos por relacionamentos ao longo de nossa existência, seja em casa rodeados por nossos familiares, na escola por parte dos amigos, professores e demais funcionários e, por fim, na empresa onde passamos a maior parte de nossas vidas. Em outras palavras, a vida necessita de manejo equilibrado em nossos relacionamentos e o reconhecimento de quem somos e das pessoas com que convivemos. Não basta desenvolver os conhecimentos técnicos de cada disciplina, temos que trabalhar os aspectos interpessoais.

- **Aprender a ser mais tolerante a partir do autoconhecimento** - Sabe aquele ditado "nascemos assim e vamos morrer assim"? Isso não é interessante e nem um pouco inteligente. Se você se vê assim, espero que mude seus pensamentos sobre o assunto. Pois ter consciência sobre como você é poderá levá-lo a se posicionar melhor em suas relações, desenvolvendo suas habilidades mais complexas. Afinal, as boas relações, assim como ter empatia pelas pessoas, são um passo para chegar na frente. Posto que, qual equipe de trabalho na escola ou na empresa não gosta de pessoas que se relacionem bem umas com as outras?

A escola como facilitadora das múltiplas áreas do conhecimento

A escola deve exercer seu papel de orientar o comportamento de seus alunos, instruindo e dando todo o suporte necessário para que a juventude se desenvolva integralmente, estendendo seus conteúdos além das disciplinas curriculares, visto que as ciências das emoções e o reconhecimento de seus perfis visam exercitar a percepção, reflexão e entendimento sobre aquilo que pensamos e por que pensamos.

Nesse sentido, o mapeamento de perfil comportamental conduzido por um profissional habilitado poderá ajudar a desenvolver tais habilidades. E se não fizermos isso agora, quando o faremos?

Com os pontos tratados neste capítulo, acredita-se que é possível fortalecer tais habilidades diante das exigências do século XXI, buscando sentido para as nossas existências para vivermos dias felizes, tais quais fomos criados.

Referência
GOLEMAN, Daniel. *Inteligência emocional: a teoria revolucionária que define o que é ser inteligente*. Tradução Marcos Santarrita. Rio de Janeiro: Editora Objetiva, 2012.

Capítulo 10

Depressão nas organizações, uma doença silenciosa

Francilene Torraca

O objetivo deste artigo é abordar a forma silenciosa com que os transtornos depressivos rondam as organizações, atentando para o adoecimento mental dos indivíduos em seus ambientes de trabalho. A depressão é uma doença grave e a população mundial vem apresentando cada vez mais transtornos mentais que interferem diretamente no contexto profissional, mas ela fica oculta no dia a dia dos profissionais.

Francilene Torraca

Psicóloga graduada pelo Centro Universitário Celso Lisboa (1999), com pós-graduação em Psicopedagogia Institucional e Clínica pela Universidade São Judas Tadeu. Graduação em Pedagogia pela Universidade Cândido Mendes. Especialista em Transtornos de Aprendizagem. Formação em Perícia Judicial pela Escola de Administração Judiciária (ESAJ), formação em Neuropsicologia pela CAAESM. Cofundadora da Novos Ciclos, que visa o crescimento e desenvolvimento humano com aulas, cursos, palestras; atuação em consultório particular como psicóloga clínica, avaliação neuropsicológica, supervisão e orientação a pais.

Contatos
www.francilenetorracapsicologa.com.br
francilenetorracapsicologa@gmail.com
WhatsApp: (21) 98890-9500

Homem e trabalho estão diretamente interligados na nossa história de diferentes maneiras. Quando estudamos a sociedade e seus devidos períodos, vários significados sociais são atribuídos ao trabalho e sempre têm influenciado o contexto vivenciado pelo homem. Historicamente, desde o final do século XX, quando abordamos o campo de estudos relativos à saúde e ao trabalho, a dor e o sofrimento experienciados por meio de processos depressivos e suas possíveis relações com o trabalho passaram a ser objetos de estudo de alguns profissionais da área da saúde mental e de importante preocupação social, organizacional e pessoal.

Vamos conceituar trabalho como sendo uma atividade ou ação dos humanos onde existe a necessidade do uso de capacidades físicas e mentais, cujo objetivo é satisfazer diversas necessidades. O trabalho atualmente é uma atividade que nos traz realizações pessoais, mas tem funções primárias como moradia, alimentação e proteção, na criação de bens materiais e em necessidades culturais e psicológicas como educação, lazer e cultura.

A depressão, de acordo com o DSM-5, tem como característica o humor triste, vazio ou irritável, acompanhado de alterações somáticas e cognitivas que afetam significativamente a capacidade de funcionamento do indivíduo. Manifesta-se também com necessidade de isolamento, angústia, presença de pensamentos negativos, desânimo, insônia, sentimento de tristeza, ansiedade, fadiga, muito medo e vontade de chorar.

Diagnosticar os transtornos mentais que acometem o indivíduo não tem sido tarefa fácil para os profissionais de saúde no momento da avaliação clínica. Num primeiro momento, os sintomas apresentados não configuram sintomatologia de doença mental. Essa dificuldade decorre de que as características sintomatológicas desses transtornos muitas vezes se confundem com quadros de alteração fisiológica manifestas por sintomas físicos como insônia, distúrbios alimentares ou distúrbios gástricos. O profissional que avalia o processo de adoecimento deve ficar atento às possíveis relações com o trabalho. Esse componente é fundamental devido à quantidade de adoecimentos derivados de ambientes profissionais com sobrecarga de tarefas, pressão por resultados e corte de gastos, além da insegurança para o funcionário manter-se empregado, relação difícil com o chefe e os colegas, dificuldades ou pressão na vida pessoal.

A depressão, segundo a Organização Mundial de Saúde (OMS), será a doença mais incapacitante para o trabalho em 2020, ultrapassando as doenças cardíacas. Os pacientes que eu recebo trazem consigo históricos de idas a emergências de hospital com sintomatologia de taquicardia, sudorese, choro, enjoo, dores de cabeça, vômitos, mal-estar, sono instável, pensamentos confusos ou acelerados, impedindo a concentração e o foco nas tarefas profissionais. No pronto-socorro, após todos os exames feitos e resultados apresentados, o médico constata que não há nenhum problema físico e administra uma medicação que tire o paciente daquela crise, encaminhando-o para o setor de Psicologia.

Importante ser dito que, quando esse paciente chega ao consultório, os sintomas apresentados já o acometem há algum tempo, às vezes até por anos. O que foi acontecendo ao longo desse tempo é a intensidade e periodicidade das crises. Minha experiência clínica também tem mostrado que, quando pesquisada a história de vida dos pacientes, são indivíduos que apresentam sintomas ansiosos e depressivos, muitas vezes desde a infância e que nunca foram devidamente avaliados e tratados. Atualmente, fala-se bastante sobre doenças mentais que acometem crianças, apesar do preconceito envolvido, mas nem sempre foi assim. Por um tempo, não se falava sobre depressão e ansiedade na infância e seus desdobramentos para a vida adulta do sujeito.

Outro quadro clínico que recebo no consultório são indivíduos com queixa de desatenção, falta de foco e pensamento acelerado no ambiente de trabalho, todos associados a quadros depressivos e ansiosos. Os relatos são de um estranhamento de seus comportamentos, não conseguindo mais se reconhecer. A atuação da prática profissional fica muito aquém do desempenho que sempre existiu e isso causa uma profunda angústia nos pacientes. Existe relação direta entre memória e depressão. Seus efeitos parecem ser mais deletérios na fase de evocação e consolidação das informações, em especial nas memórias de longo prazo.

Trazendo informações atuais, recentemente, a Síndrome de *Burnout* foi oficializada pela Organização Mundial de Saúde (OMS) como uma síndrome crônica. Será incluída pela OMS na nova CID 11 (Classificação Internacional de Doenças) que deve entrar em vigor em 1º de janeiro de 2022.

Essa síndrome é um distúrbio psíquico de caráter depressivo, precedido de esgotamento físico e mental intenso cuja causa está intimamente ligada à vida profissional.

A Síndrome de *Burnout* é resultado de estresse crônico no local de trabalho. Podemos conceituar como uma síndrome ocupacional, que acarreta no indivíduo sentimentos de exaustão ou esgotamento de energia; aumento do distanciamento mental do próprio trabalho, ou sentimentos de negativismo ou cinismo relacionados ao próprio trabalho; e redução da eficácia profissional. Não consegue parar de pensar nas tarefas, mas se sente irritado com suas funções e os colegas. Traçando um comparativo, a depressão é caracterizada por tristeza e desânimo nos mais diversos aspectos da vida. Em geral, a culpa das pessoas deprimidas advém da falta de forças para realizar as tarefas cotidianas.

Como diagnóstico diferencial, a Síndrome de *Burnout* tem na sua origem um envolvimento de atitudes e condutas negativas com relação aos clientes (daquele ambiente), organização e trabalho. É um esgotamento profissional que corresponde ao colapso físico e mental. Precisa ser avaliado pelo setor de Psicologia para verificar se somente o tratamento psicoterapêutico será suficiente para uma melhora e um bom prognóstico do quadro clínico. Dependendo do grau, deve ser encaminhado também à Psiquiatria para uso de medicamentos antidepressivos, além do afastamento do ambiente de trabalho.

Já o afastamento do trabalho de pacientes acometidos pela depressão ocorre quando o indivíduo é considerado incapaz de trabalhar, seja por motivos relacionados a acidente ou doença de caráter físico ou psíquico. Em relação às possibilidades de afastamento do trabalho relacionadas à saúde mental, a American Medical Association (AMA, 1995) conceitua disfunção e incapacidade causadas pelos transtornos mentais e comportamentais em quatro áreas: limitações em atividades da vida diária da pessoa (autocuidado, higiene pessoal, comunicação, repouso e sono); funções sociais (capacidade de interagir apropriadamente e comunicar-se com outras pessoas); concentração, persistência e ritmo (capacidade de completar ou realizar as tarefas); deterioração ou descompensação no trabalho (falhas repetidas na adaptação a circunstâncias estressantes).

Apesar de tantas informações disponíveis sobre a depressão, mantém-se ainda como um transtorno silencioso, e é muito comum no consultório o discurso dos pacientes relatando que não podem comunicar as suas chefias que estão sofrendo com algum transtorno em saúde mental. Com medo de perder o trabalho num momento tão difícil em que a sociedade se encontra, com altos níveis de desemprego, o paciente depressivo guarda internamente suas angústias, medos e principalmente seu quadro clínico, com medo de ser "julgado", com um distúrbio mental, e de estar totalmente fora de seu controle, deixando-o em uma situação delicada em meio a tantas decisões. E dando voz aos meus queridos pacientes, seus relatos são de que, apesar de receberem as devidas orientações médicas sobre alimentar-se melhor e modificar sua rotina sedentária, precisam acompanhar suas chefias e o grupo submetendo-se a refeições fora de hora e sem valor nutritivo, virando noites no ambiente de trabalho para acompanhar seu "time" e não sair dos padrões dos "guerreiros", assim são nomeados, não conseguindo colocar em prática seu protocolo recomendado para a melhora do quadro clínico. A Associação Mundial de Medicina do Sono afirma que dormir bem é um dos três pilares fundamentais para ter uma boa saúde, ao lado de uma dieta equilibrada e exercício regular.

    A Psicofobia é um preconceito contra as pessoas que têm transtornos e deficiências mentais. Tem sido um termo usando em sentido não clínico no Brasil, podendo nesse contexto ser definido como preconceito ou discriminação contra pessoas com transtornos ou deficiências mentais. O tratamento para depressão é psicoterapia e medicação, junto com algumas mudanças de hábitos alimentares e a inclusão de atividade física regular e os exercícios de relaxamento. Existe uma visão errada do uso de medicação para depressão e transtornos mentais. Muitas vezes, eu passo de quatro a oito sessões desconstruindo uma imagem errônea que o paciente tem para o uso de medicações antidepressivas e ansiolíticas. É importante esclarecer que não são medicações que visam "dopar" o paciente. Sua ação terapêutica visa um reequilíbrio da perturbação depressiva. Atuam no cérebro modificando e corrigindo a transmissão neuroquímica em áreas do sistema nervoso que regulam o estado de humor (interesse, motivação, bem-estar, variação entre alegria e tristeza, energia, emoções). A imagem que os pacientes me trazem de uma pessoa depressiva é de um ser humano fraco, que não soube lidar com as pressões da vida. E ter que fazer uso de medicação traz para ele um atestado de "fraqueza" e que ficará "dependente" daquela "droga". Para que a doença seja "aceita" pelo ambiente de trabalho e contexto familiar, a medicação legitima o sofrimento por meio de comprovação médica e a prescrição de remédio. A declaração do médico formaliza a incapacidade e permite o afastamento. Mas infelizmente também rotula e estigmatiza o indivíduo, e em muitos casos o afastamento não contribui para o restabelecimento da saúde.

Estudos controlados sugerem a terapia cognitivo-comportamental como efetiva no tratamento dos episódios depressivos, principalmente em casos de depressão no grau leve e moderado. Desenvolvida nos anos 1960 pelo psicólogo americano Aaron Beck, a terapia explora áreas emocionais e sociais que afetam o cotidiano do paciente. É um tratamento breve, focal, ativo e envolve um conjunto de técnicas e estratégias cuja finalidade é a mudança dos padrões de pensamento e de comportamento.

A TCC parte do pressuposto de que pacientes deprimidos têm uma visão distorcida a respeito de si mesmos, do mundo e do futuro. Assim, as intervenções focam na modificação desses pensamentos visando aliviar suas reações emocionais e desenvolver estratégias de enfrentamento.

É importante o paciente sentir-se bem no *setting* terapêutico, assim como ter empatia com o psicólogo. Nosso trabalho deve abarcar o acolhimento, ter uma escuta atenta e trabalhar na capacidade de promover esperança, oferecer um relacionamento seguro e confiável e constituir um espaço emocional onde o paciente possa sentir que suas ansiedades depressivas são compreendidas e resguardadas, permitindo ao paciente organizar seu sofrimento. Para além do tratamento, o psicoterapeuta também precisa desconstruir uma imagem preconceituosa da doença que o paciente tem com ele mesmo. Aceitar que o transtorno existe e que precisa ser tratado é um grande passo para um bom prognóstico.

É fundamental que seja considerado que na depressão, por ser um transtorno multifacetado, não se utiliza um tipo único de protocolo psicoterápico (ou farmacológico) que funcionará em todos os pacientes.

Insisto com meu paciente que a prática de psicoterapia não exclui o tratamento combinado com medicação, mudança de hábitos alimentares, inclusão de atividade física regular e os exercícios de relaxamento, já que o tratamento multidisciplinar é aquele que apresenta maior gama de resultados eficientes na redução dos sintomas depressivos.

A disseminação de informações sobre o transtorno depressivo vai trazer uma diminuição dos modos equivocados de encarar a depressão. O tratamento, quando orientado de forma correta, não apenas reduz, como protege contra futuros episódios depressivos.

Referências
ALMEIDA, A. M.; LOTUFO Neto, F. Revisão sobre o uso da terapia cognitivo-comportamental na prevenção de recaídas e recorrências depressivas. *Revista Brasileira de Psiquiatria*, 2003.
BARRETO, A. *Depressão e cultura no Brasil*. Jornal de Psiquiatria, 1993.
WIELENSKA, R. C. *Depressão na infância*. Pediatria Moderna, 1997.
Organização Mundial de Saúde. Classificação de Transtornos Mentais e de Comportamento da CID-10: Descrições Clínicas e Diretrizes Diagnósticas (Coord). Organização Mundial da Saúde. Trad. Dorgival Caetano. Porto Alegre: Artes Médicas, 2008.
Associação Americana de Psiquiatria. Manual Diagnóstico e Estatístico de Transtornos Mentais - DSM-5. 2013.

Capítulo 11

E agora, o que eu faço? Mais qualidade ou mais quantidade?

Gisele Domenici

Neste capítulo, vamos refletir sobre a condição dos pais na educação dos filhos. Tantas dúvidas a serem respondidas e tanta culpa em torno da impossibilidade de estar com os filhos um tempo maior. Esta leitura nos fará ver possibilidades diferentes e a importância do cuidado com os pais nessa fase do desenvolvimento dos filhos, período tão delicado e preocupante que leva os pais a uma "culpa" pela sua ausência.

Gisele Domenici

Curso Introdução à Somatopsicodinâmica (2013), o que me levou a cursar a graduação em Psicologia pela Faculdade de Ciências e Saúde Nossa Senhora do Patrocínio – Ceunsp (2015), entre outros, como Curso *Pinceladas – Introdução Vivencial à Arteterapia* (2014), Curso *Profissionalizante Grupo de Pulsação*, Ecos 2016. Certificação em Professional *Self Coaching*, pelo Instituto Brasileiro de Coaching (IBC) 2016. Pós-graduação na Ecos Escola Contemporânea de Orgonomia e Somatopsicodinâmica. Certificada em Terapia Corporal Reikiana (2016), pós-graduação em Neuropsicologia pelo Instituto Israelita de Ensino e Pesquisa Albert Einstein (2018), pós-graduação em Aprimoramento das Disfunções Sexuais Femininas pela Unifesp (2019). Apaixonada pela vida e pela possibilidade do ser humano em reinventar sua história para uma melhor qualidade de vida com momentos mais felizes para ele e para os que estão ao seu redor. Atua como psicóloga clínica, palestrante e autora do livro *Diário de uma garota que não gostava de legumes*.

Contatos
www.espacodomenici.com
espacodomenici@uol.com.br
Instagram: @espacodomenici
Facebook: @espacodomenici

Gisele Domenici

Cada vez mais ouvimos: "Eu não sei como lidar com meu filho".

À medida que o tempo vai passando, o mundo vai oferecendo uma infinita possibilidade de distrações às crianças, e são tantas que os pais não conseguem acompanhar e, envoltos a tantas distrações, a tecnologia vem ocupando um espaço enorme no tempo dessas famílias. Se pararmos para pensar, há 15 anos, nossas lembranças serão das brincadeiras de rua, dos jogos que nós mesmos confeccionávamos, quem não se lembra do Passa Anel, do Pula Elástico e tantas outras? E as histórias que nossos pais nos contavam antes de irmos dormir? Tudo isso fez parte do nosso desenvolvimento para nos tornar as pessoas que somos hoje, e sentimos falta daquele tempo, não é mesmo? Aí você vai me falar que hoje os pais não têm tempo para fazer essas coisas porque trabalham o dia todo, ok?

Eu concordo que a vida está cada vez mais dinâmica, sim, mas nossos pais também trabalhavam, e nossas mães trabalhavam muito, às vezes fora e dentro de casa porque antigamente as mulheres tinham mais filhos que nos dias de hoje, logo o trabalho também era intenso. Vamos nos desarmar e refletir sobre tudo isso, pois meu intuito é poder enxergar novas possibilidades nessa dificuldade atual em lidar com a falta de tempo para os próprios filhos e para si mesmo.

Fala-se tanto sobre o cuidado com as crianças e a educação dos filhos, não faça isso ou faça aquilo, tantos palpites que até nos confundem, mas já pararam para pensar que talvez quem precise de cuidado sejam os pais?

Cuidados e descobertas

Desde cedo aprendemos que precisamos ser fortes e enfrentar nossos problemas, ok? Concordo que precisamos ser fortes, mas também precisamos nos perceber no contexto problemático e aceitar que nem sempre vamos conseguir ter essa força. Ser pais nos traz uma responsabilidade enorme de criar e educar um ser que depende exclusivamente de nós e isso às vezes nos assusta.

Mas vamos lá, o dia a dia nos exige muitas coisas, paciência, atenção, cuidados, esforço, responsabilidades e tantas outras coisas mais e, além disso tudo, você ainda tem que pensar no seu relacionamento pessoal, amoroso, familiar, de amizade, de trabalho e talvez o mais importante, "caraca", sou pai/mãe e tem um serzinho em casa me esperando chegar. Depois de um dia intenso de trabalho, às vezes com sucesso e outros nem tanto, ainda preciso desprender de carinho e atenção quando chegar em casa para dar ao meu filho todo o amor que ele precisa, e equivocadamente acredito que deixar ele fazer o que quiser seria esse carinho, afinal de contas "eu não pude estar com ele o dia todo". Aí está o problema, o fato de você não ter ficado com seu filho o dia todo não faz de você um péssimo pai/mãe, o que vai dizer se você está no caminho certo não é o tempo que você passa com seu filho, mas sim a qualidade que está sendo empregada nesse tempo. Lembra de quando falamos de como fomos educados? Por que não podemos olhar para esse tempo e fazer dele o seu presente? Por que não sentar com seu filho algum tempo e brincar com ele, fazer algo juntos, preparar uma refeição juntos, escolher o uniforme da escola, saber dele como foi o dia na escola ou em casa, contar como foi o seu dia, dialogar com seu filho, mesmo pequeninos? Eles adoram saber das incríveis peripécias dos pais, fazer dessa conversa uma história divertida, às vezes usando nossa imaginação para prender a atenção e ter ele ao seu lado. Todas essas manobras serão importantes para a criança, mas principalmente para os pais, pois a falta de estar ao lado não é somente da criança, é dos pais também, que adorariam passar muito mais tempo com seus filhos, vendo cada novidade aparecer, sendo o primeiro a ver seu filho andar, a primeira palavra pronunciada, um desenho do colégio, uma nova frase ou descoberta, mas o fato de não ter sido o primeiro a presenciar isso não faz de você culpado, transforme o seu olhar e pensamento, faça com que a criança conte tudo e vibre como se fosse a primeira pessoa a saber, porque talvez nesse momento essa seja a maneira de você compartilhar essas descobertas.

Como me cuidar

Muitos estudiosos apontam hoje para a inteligência emocional e autopercepção, mas o que seria isso e como posso me cuidar a partir desse pensamento?

O grande estudioso Wilhelm Reich dizia: "Enquanto para os adultos é quase que exclusivamente determinante o princípio da realidade, a criança precisamente na fase crítica rege-se apenas pelo princípio do prazer". O que ele quis nos dizer com essa frase? Vamos pensar que com tantos problemas que acercam nossas vidas, esquecemos de nós mesmos, de sentir prazer nas mínimas coisas da vida, num simples copo de água quando estou com sede, numa paisagem que passa diante de nossos olhos, e na correria nem percebemos, ou num gesto de carinho que podemos dar ou receber que pode nos trazer um prazer enorme. Olhar para si, perceber-se, sentir sensações e emoções diferentes, ter uma consciência física e emocional nos tornando capazes de construir relações mais sólidas, nos tornando mais seguros e confiantes. Isso também acontece com as crianças em casa, quando estão longe dos pais, se tornam mais independentes, e isso é muito bom para a criança. Sabe como você pode se sentir mais confiante e perceptivo?

- Tendo maior consciência de si mesmo;
- Compreendendo os problemas emocionais e aceitando que nem sempre estamos bem, mas podemos melhorar;
- Comprometendo-se mais consigo mesmo;
- Expresse seus desejos e sentimentos, não tenha medo, quando falamos a partir de nossos sentimentos verdadeiros o outro poderá nos compreender e nos aceitar como somos;
- Aceite críticas e crie uma nova postura a partir delas;
- Aprenda a dizer não, o NÃO pode ser um aprendizado para você e para aquele que receber, pois sairá do comodismo para mudar a situação;
- Confie em si mesmo, esse é um dos primeiros passos para você expressar o que realmente deseja;
- Você pode não concordar, mas respeite a opinião do outro;
- Peça desculpas ao seu filho quando necessário, lembre-se de que você é o exemplo que ele vai seguir.

A relação pais e filhos

Quando falamos de filhos, temos que nos lembrar que cabe aos pais dar às crianças a segurança, carinho, atenção, firmeza, compreensão, e tudo mais que uma criança necessita para se desenvolver, possibilitando à criança sua primeira experiência de autonomia e valorização, e quando isso não ocorre, a criança pode experimentar o medo, humilhação e fragilidade diante daqueles que estão ao seu redor, ficando confusa e sem saber agir diante das dificuldades que aparecerem em seu caminho, sem saber se será elogiada ou punida diante de suas ações e criações. A dosagem dos pais em como agir em cada situação será medida por meio da compreensão dos mesmos de que as crianças ainda não conseguem gravar tudo o que é passado a elas, as normas e regras são inseridas na educação da criança gradativamente, por meio das experiências vividas e aprendidas, pois elas ainda não têm a capacidade de conservar o conhecimento, conforme identificou Piaget em seus estudos. Por isso, papai e mamãe, a paciência é um dos dons da maternidade e paternidade, e vocês precisam compreender que as crianças precisam passar por fases e maturação para compreender tudo o que vocês pedem a elas. Por acaso vocês já nasceram sabendo como iriam lidar com cada nova experiência de vida?

Partindo de tudo o que foi explanado neste capítulo, eu pergunto a vocês: o que seria melhor em uma relação pais e filhos?

- Vocês terem mais conhecimento de si mesmos, autopercepção, maior sensibilidade para lidar com as adversidades e dificuldades que aparecerão nesse caminho de descobertas com seus filhos, se amarem pela dedicação, mesmo por um tempo menor, mas com muito mais qualidade, mais dedicação, mais compreensão sabendo que estão fazendo o que é possível fazer nesse momento.

- Vocês ficarem um dia inteiro com eles, ou todos os dias, sem um comprometimento real, sem perspectivas, atenção, sem se sentirem realmente capacitados, responsáveis, envolvidos no processo de desenvolvimento de seu filho, você acredita que seria o suficiente para uma criança crescer e desenvolver suas habilidades, cheias de vida, esperanças, boas experiências e, acima de tudo, respeito e admiração pelos pais?

Deixo aqui esta reflexão na intenção de vocês poderem olhar para si e para sua família e transformar aquilo que vocês acreditam que não está bom e aceitar que ninguém é perfeito, somos seres passíveis de erros e o mais incrível é que podemos ressignificar e transformar nossa história, este livro com essa história é a da sua vida e a de quem você ama e o grande escritor é você mesmo.

Referências
FREITAS, Lia. *A moral na obra de Jean Piaget: um projeto inacabado*. Editora Cortez, 2003.
REICH, Wilhelm. *Análise do caráter.* Editora Martins Fontes, 2014.
REICHERT, Evânia. *Infância, a idade sagrada: anos sensíveis em que nascem as virtudes e os vícios humanos*. Ed. Vale do Ser, 2016.
VOLPI, José Henrique; MARA, Sandra. *Crescer é uma aventura! Desenvolvimento emocional segundo a psicologia corporal*. 2.ed. Centro Reichiano, 2008.

Capítulo 12

Um caminho para o autoconhecimento

Krishnamurti B. Ávila

Autoconhecimento é pré-requisito para uma vida plena e feliz. O mundo atual força-nos a adotar um ritmo de vida cada vez mais acelerado e acabamos nos privando de olhar para nós mesmos. O uso de *assessments* aponta para um caminho possível rumo ao autoconhecimento e à realização pessoal.

Krishnamurti B. Ávila

Analista de perfil comportamental, especialista em desenvolvimento humano, *master coach*, especialista em gestão de negócios e *marketing*, administrador, professor e palestrante. Ministrante autorizado do *workshop Decifre e Influencie Pessoas* – baseado no *best-seller* de mesmo nome. Mais de 20 anos de experiência em Educação. Apaixonado pelo desenvolvimento humano.

Contatos
kbavila@gmail.com
Instagram: krishnamurti.avila
LinkedIn: kbavila
Teste de perfil: http://bit.ly/perfilmo
WhatsApp: (62) 98250-7422

"Na pressa do nosso dia a dia, todos nós pensamos demais, desejamos demais, buscamos demais e esquecemos de apenas apreciar o ser."

Eckhart Tolle

Somos seres em constante desenvolvimento. Amadurecemos, aprendemos, desenvolvemos nossas habilidades e na interação com os outros conhecemos um pouco mais do que nos dá identidade. Mas a nossa essência é formada ainda muito cedo. Uma parte de quem somos trazemos no nosso código genético e a outra parte se dá sob a influência do meio. E, ainda, estudos recentes apontam para características não genéticas que também podem ser transmitidas. Dentre as características epigenéticas que podem ser transmitidas está parte do nosso comportamento. Dessa forma, nossa essência começa a ser moldada ainda durante o período em que estamos sendo gestados.

Essas características genéticas, epigenéticas e tendências comportamentais, somadas à influência do meio, vão solidificando nossa essência até o fim de nossa infância.

Essa essência é formada por um sistema de crenças, valores e talentos. Características que moldam nossa forma de pensar, comunicar e agir. Quando conseguimos levar uma vida alinhada com nossa essência, tudo flui mais naturalmente. E é assim que deveria ser. Ou seja, há de fato um modelo de vida ideal para cada um de nós!

Você já se perguntou se está vivendo a sua vida? Você está verdadeiramente vivendo a sua vida? Essa é uma pergunta que muitos não se fazem ou demoram muito para fazê-la. E a resposta muitas vezes é um sonoro "não".

Onde nos perdemos? Parece que muitos de nós vivem guiados pela experiência de quem já trilhou esse caminho antes. Vivem no piloto automático para quase tudo o que fazem. Andam por uma estrada que não escolheram rumo a um destino que não estará relacionado às suas essências. Aí, nem a jornada será prazerosa. Precisamos ter o poder de decisão sobre o destino que queremos para nossas vidas para então poder também escolher qual ou quais caminhos seguir. O destino e o caminho deveriam estar intimamente relacionados com quem somos em essência. O mundo em que vivemos nos empurra "goela abaixo" um modelo pronto de vida a seguir. Há uma pressão muito grande para que sejamos "bem-sucedidos" segundo esse modelo. Mas até que ponto esse modelo se encaixa na nossa essência? É preciso conhecer a verdade sobre si mesmo para se libertar desse piloto automático.

É por isso que muitas pessoas vivem uma vida infeliz. Passam a vida inteira buscando um ideal de felicidade que foi desenhado por outras pessoas, que parece muito atraente, mas que pouco tem a ver com suas essências. A felicidade não é um fim em si mesmo, não é o objetivo. A felicidade é feita de uma constante realização de pequenos objetivos e metas de vida. Mas esses objetivos só trazem contentamento quando estão alinhados com quem somos na essência. Portanto, é imprescindível buscarmos nos conhecer. O ideal é que pudéssemos ir nos entendendo ao mesmo tempo em que vamos construindo quem somos. Mas estamos ocupados demais tentando viver e sem tempo de olhar para nós mesmos. Acabamos seguindo a multidão. Muitos acabam vivendo de forma improvisada.

É bastante comum pessoas chegarem aos 40/50 anos e experimentarem a crise da meia idade. Olham para trás e não conseguem enxergar um sentido em tudo o que realizaram e, ao lançar um olhar sobre o futuro, se sentem perdidas. E, nesse ponto, ter uma imagem clara de quem realmente somos ajuda bastante a não nos perder ou nos encontrar.

Um desafio para você! Pegue papel e caneta e faça uma lista com 10 características suas que você considera como pontos fracos. Agora faça uma outra lista, com 10 pontos fortes. Como se sentiu? Qual das duas listas foi mais difícil de preencher? Se você for como a maioria das pessoas, provavelmente teve mais dificuldade em elencar seus pontos fortes. E se essas duas listas fossem preenchidas por alguém do seu convívio, os itens seriam os mesmos? Não seria de se espantar que outra pessoa pudesse apontar seus pontos fortes e fracos com mais facilidade que você mesmo. Por quê? Porque muitas vezes prestamos mais atenção nos outros do que em nós mesmos. Buscamos conhecer o outro e negligenciamos o autoconhecimento.

Claro que autoconhecimento vai muito além de ser capaz de preencher uma lista com seus principais atributos. É preciso entender como e por que reagimos a determinadas situações, quais são os valores que nos movem, que crenças temos e que podem estar nos impedindo de progredir, de que forma captamos as informações, quais são nossos medos e como trabalhá-los, e entender de que forma interagimos com o meio. E depois fazer todo esse conhecimento trabalhar a nosso favor, nos colocando novamente no caminho que alimenta nossa essência.

Algumas de nossas características são ainda mais difíceis de serem nomeadas e listadas. E embora exista uma classificação para esse conjunto de traços, para a maiorias das pessoas é difícil expressá-lo. Mesmo porque, ao fazê-lo, muitas vezes somos levados a repetir o que os outros pensam de nós ou acabamos projetando uma imagem de como gostaríamos que fossemos vistos e não necessariamente nossa essência.

Reflita e responda sinceramente: se em uma entrevista de emprego perguntassem como você reagiria diante de uma situação em que precisasse tomar uma decisão, como responderia? Diria que você é uma pessoa de tomadas de decisão rápidas ou lentas? Muitos tendem a escolher a resposta que melhor se encaixa no contexto.

É comum querermos mostrar uma imagem positiva de nós mesmos. Mas nem sempre essa imagem corresponde à nossa essência. Outras vezes escolhemos uma das respostas sem fazermos qualquer conexão com quem somos, simplesmente porque não temos esse conhecimento. Em uma situação dessas pensamos: "Nunca refleti sobre isso!".

É muito comum pessoas se considerarem desorganizadas, por exemplo. E embora realmente existam pessoas que são desorganizadas, em uma investigação mais profunda, podemos descobrir que se trata da falta de capacidade em dizer não, o que leva a pessoa a acumular tarefas, tornando impossível o cumprimento delas. O que acontece, então, é que a pessoa acaba sendo rotulada pelos outros como "desorganizada" e ela aceita esse rótulo como uma de suas características.

Invariavelmente essa pessoa acaba buscando uma solução inadequada para o problema. Estuda as melhores estratégias para se organizar, e pode até minimizar os efeitos, mas a causa continua lá e cedo ou tarde o problema se manifesta.

Em diversos processos seletivos, durante as entrevistas muitos candidatos, quando perguntados sobre seus pontos fortes, dizem possuir competências e habilidades que acabam não resistindo à prova do tempo. É sabido que, movidos pela vontade de conseguirem a vaga, muitos atribuem a si características que não possuem. Mas, mesmo quando os candidatos não têm previamente o conhecimento de quais competências estão sendo buscadas, percebe-se uma atribuição equivocada de características, o que pode evidenciar uma falta de autoconhecimento. O resultado é que essas pessoas acabam assumindo funções que não estão alinhadas com suas habilidades naturais. Contrata-se pelo currículo e demite-se pelo comportamento.

Como fica evidente, ter clareza sobre quem somos facilita bastante nosso caminho profissional, uma vez que somos mais capazes de escolher aquilo que nos traz senso de realização. Do lado de quem contrata, ganha-se em produtividade e na melhoria do clima organizacional, por exemplo.

Ter um bom nível de autoconhecimento também é fundamental se quisermos estabelecer relacionamentos de qualidade. Uma pesquisa conduzida pela universidade de Harvard, que já dura 80 anos, acompanhou durante esse tempo 724 pessoas com o intuito de identificar quais eram os fatores preponderantes para a longevidade e felicidade. O estudo conclui que é justamente a qualidade dos nossos relacionamentos o que mais influencia. Entender a nós mesmos nos ajuda a entender o outro, melhora nossa capacidade de comunicação e cria as condições necessárias para desenvolver relacionamentos de qualidade.

A essa altura, você já pôde perceber o quanto o autoconhecimento impacta na nossa qualidade de vida. Talvez você esteja se perguntando como sair desse estágio de pouco conhecimento e passar a se descobrir de fato. Há diversos caminhos. Muitos se descobrem de forma natural, por meio de longos processos, algumas vezes dolorosos. Você pode querer tornar-se um monge ou tirar um ano sabático e viajar para conhecer diversas culturas (olhar para o outro revela muito sobre quem somos). Experimentar, testar, até encontrar o que traz mais sensação de identidade para você. E isso é libertador. Mas convenhamos, a maioria de nós não pode se dar ao luxo de tirar um ano sabático. E quantos de nós estariam dispostos a abrir mão de tudo para viver como um monge?

Existem maneiras mais simples e diretas para poupar bastante tempo nesse caminho do autoconhecimento.

Uma excelente opção para iniciar essa jornada é o uso de *assessments*. Não se trata de uma metodologia de autoconhecimento, são na verdade ferramentas que podem ajudar no processo de desenvolvimento humano, trazendo clareza sobre aspectos do comportamento do indivíduo, suas competências e inteligência emocional.

Não são raros os relatos de pessoas que passaram a perceber sentido em suas ações (ou omissões) depois de receberem a devolutiva de um *assessment*. E, embora não possamos reduzir a complexidade do ser humano em um punhado de páginas com gráficos e descrições, os *assessments* jogam boa quantidade de luz sobre nosso comportamento e nos ajudam a perceber quem somos.

Alguns *assessments* dedicam-se ao mapeamento comportamental. O DISC, por exemplo, é um *assessment* desenvolvido a partir da teoria postulada pelo psicólogo William Moulton Marston em seu livro *Emotions of normal people* (1928), que determina alguns padrões de comportamento. É possível identificar, por exemplo, se somos mais voltados às pessoas ou aos resultados, se temos uma tendência a ser bons planejadores ou se nos sairíamos melhor como executores, além de inúmeras outras inferências a respeito do comportamento. Esse é um teste amplamente utilizado por profissionais de RH de diversas empresas no mundo todo. Enquanto o DISC aborda questões comportamentais, outros mergulham em componentes relacionados à nossa personalidade. Em 1921, Carl Gustav Jung condensou mais de 20 anos de pesquisa em uma de suas obras mais importantes para o entendimento da personalidade humana, o livro *Tipos psicológicos*. *Assessments*, baseados nesses estudos, podem trazer informações detalhadas sobre o tipo psicológico, comportamento, preferências e tendências do indivíduo para solucionar problemas, bem como seus pontos fortes e fracos.

Há ainda diversos outros tipos de *assessments* que podem nos ajudar na busca pelo autoconhecimento, trazendo importantíssimas informações sobre nosso conjunto de valores, nossas habilidades, competências etc.

Um simples mergulho em nós mesmos pode parecer assustador a princípio, mas pode também ser a chave que abrirá as portas de uma vida com mais sentido e realização.

Referências
BUCKINGHAM, Marcus; CLIFTON, Donald O. *Descubra seus pontos fortes*. Rio de Janeiro: Sextante, 2008.
FESTINGER, Leon. *A theory of cognitive dissonance*. Stanford, CA: Stanford University Press, 1957.
JUNG, Carl Gustav. *Tipos psicológicos*. 7. ed. Petrópolis: Vozes, 2013.

MARSTON, William Moulton. *As emoções das pessoas normais*. São Paulo: Success for You, 2016.
SILVA, Deibson; VIEIRA, Paulo. *Decifre e influencie pessoas*. São Paulo: Gente, 2018.
SINEK, Simon. *Comece pelo porquê*. Rio de Janeiro: Sextante, 2018.
SPRANGER, Eduard. *Types of men*. Nova York: M. Niemeyer, 1928.

Capítulo 13

Mapeando sua rotina, uma forma fácil de tornar conscientes os seus hábitos

Lane Lucena

Neste capítulo, você terá a possibilidade de repensar a rotina diária, considerando as quatro dimensões do ser humano: mental, emocional, espiritual e física. Realizar o mapeamento permite ter clareza dos hábitos que precisam ser eliminados, modificados ou substituídos. Além de aprender sobre o que fazer para lidar com o estresse e o caos na rotina diária, desenvolvendo o seu próprio plano de ação.

Lane Lucena

Psicanalista clínica, associada à ABRAFP (Associação Brasileira de Filosofia e Psicanálise), com pós-graduação em Comportamento Organizacional e Gestão de Pessoas pela ESAB (Escola Superior Aberta do Brasil) e em TEA – Transtorno do Espectro Autista, pelo Centro Universitário Celso Lisboa – RJ. Especializações em Psicopedagogia Clínica, Psicologia e Saúde Mental – ESAB (Escola Superior Aberta do Brasil) e em Terapia Cognitivo Comportamental (TCC) para crianças e adolescentes pelo Centro Universitário Celso Lisboa – RJ. *Essential coach* certificada pelo Instituto Meta, reconhecido pelo Metaforum International – World Coaching Community (2014). Idealizadora do Psiqueanalise.com e do Vivasuaessencia.com, sites voltados para a saúde mental e desenvolvimento humano. Sócia-fundadora do Portal e Curso EscrevArte, ambiente destinado à prática da escrita expressiva como ferramenta de desenvolvimento humano. Escritora, criadora do PHP – Programa Hábitos Positivos, com base na Psicologia Positiva, e desenvolvedora do Método Flor&Ser.

Contatos
https://www.psiqueanalise.com
http://vivasuaessencia.com
lanelucena@hotmail.com
Instagram: @psiqueanalise
Facebook: @psiqueanalise
(88) 98132-0111

A formação integral do ser humano relaciona-se à compreensão da pessoa em sua totalidade, tendo em vista o desenvolvimento pleno de suas potencialidades e capacidades. Visto essa integralidade, escolhi considerar quatro dimensões do ser humano, de modo que seja possível entendermos as motivações mais profundas e que nos levam a diversos comportamentos, portanto, à geração dos hábitos e à criação da rotina. As dimensões do ser humano estão intimamente relacionadas entre si, são elas:

- **Dimensão física** - Corresponde ao cuidado que temos com o corpo, hábitos, saúde e bem-estar.

- **Dimensão mental/intelectual** - Além da sua ligação com a área do conhecimento, a dimensão mental busca aprimorar a inteligência de maneira geral. Corresponde à capacidade de solucionarmos na prática problemas do cotidiano, entre tantas outras capacidades.

- **Dimensão emocional** - Está relacionada diretamente ao equilíbrio emocional e à forma que lidamos com os sentimentos.

- **Dimensão espiritual** - Relaciona-se com o sentido que damos à nossa existência e ao sentimento de pertencimento.

Como os hábitos se estabelecem?

Hábitos parecem surgir porque o cérebro está sempre procurando maneiras de economizar energia, então sua tendência natural é transformar qualquer situação já experimentada em uma rotina.

Há muitos "estudos" que falam sobre o número de dias necessários para a incorporação de novos hábitos, um deles foi publicado em um livro pelo cirurgião plástico Maxwell Maltz, em 1960, onde ele percebeu que seus pacientes levavam 21 dias para se acostumarem com a sua nova imagem pós-operatória, ou deixarem de sentir um "membro fantasma" após uma amputação.

A partir da sua publicação, muitos outros estudos foram realizados, mas nenhum comprova que há um tempo exato para a criação de um novo hábito.

Independentemente dos estudos e opiniões populares, o tempo necessário para eliminar, modificar ou substituir um hábito em sua vida é bastante variável e depende de cada pessoa e do tipo de hábito. Obviamente, não é o mesmo para incorporar um hábito específico, como por exemplo programar a higiene do sono, não navegar nas redes sociais enquanto trabalha, tomar um único café por dia, do que um hábito de longo alcance e ampla aplicabilidade, como por exemplo: manter a agenda melhorada e ser pontual nos compromissos. A eficácia na implantação de novos hábitos está justamente no estabelecimento de um prazo e na repetição dos mesmos.

Na década de 1990, os pesquisadores do MIT (Instituto de Tecnologia de Massachusetts) começaram a investigar a função que uma pequena porção do cérebro, os gânglios da base, poderia ter nos hábitos e na memória. Para isso, realizaram uma série de experimentos que lhes permitiu observar com minúcia o que ocorria dentro da cabeça de ratos enquanto esses roedores realizavam um conjunto de rotinas.

Inicialmente, o rato era colocado num labirinto em forma de "T", com chocolate em um dos extremos. Após um clique sonoro, uma divisória anteriormente fechada desaparecia e o rato ficava livre para percorrer o labirinto.

No início, o rato começava a ir e vir ao longo do corredor central, cheirando as esquinas e arranhando as paredes, sem saber como acertar o chocolate. No entanto, a maior parte dos animais encontrava a recompensa.

Os implantes inicialmente colocados na cabeça dos animais permitiram aos investigadores observar que o cérebro dos ratos não descansava enquanto eles percorriam o labirinto. Os gânglios da base, em particular, ficavam altamente ativados.

A experiência foi repetida pelos cientistas diversas vezes, observando como os ratos deixaram de se embaçar no caminho e passaram a correr pelo labirinto cada vez mais rápido. À medida que isso ocorria, a atividade mental de cada rato diminuía. Ou seja, quanto mais o percurso se tornava automático, menos os ratos se esforçavam para chegar ao chocolate.

Posteriormente, até as estruturas cerebrais relacionadas com a memória ficavam inativas. É como se no início o cérebro do rato necessitasse gerar mais energia para descobrir o caminho certo. Com a prática rotineira, o cérebro do rato já estava habituado e, assim, poderia descansar.

O rato aprendia de tal maneira o caminho que mal necessitava de avaliar alternativas e fazer escolhas. Segundo indicavam as ondas cerebrais, essa interiorização dependia dos gânglios da base. Essa estrutura no cérebro dos ratos parecia tomar controle à medida que o animal pensava cada vez menos. Ou seja, os gânglios da base armazenavam hábitos enquanto o resto do cérebro descansava.

Esse método de transformar uma série de comportamentos numa rotina automatizada é conhecido como "agrupamento cognitivo", e está na origem da formação dos hábitos.

A nossa rotina inclui centenas de agrupamentos comportamentais. Um exemplo: quando tomamos banho, podemos pensar que a rotina é composta por uma única tarefa, mas, na verdade, a rotina é formada por várias ações menores, como pegar no sabonete, ligar o chuveiro, ensaboar o corpo, remover a espuma e, por último, secar o corpo com a toalha.

A cada vez que realizamos pequenas ações, aquela pequena porção do nosso cérebro entra em ação, identificando o hábito que registrou referente a cada tarefa. Uma vez desencadeado esse hábito, o nosso cérebro pode entrar em um estado de repouso ou concentrar-nos em outras atividades ou pensamentos.

É importante saber que esse estado de repouso não pode ocorrer a qualquer momento ou por muito tempo, porque se o fizermos na hora errada estaremos comprometendo a própria sobrevivência, como por exemplo: não pisar no freio do carro bem na hora em que o sinal fechar.

É exatamente por esse motivo que o nosso cérebro estabeleceu um método para determinar quando um hábito deve ser instituído. Essa ação cerebral é uma série com três passos. Inicialmente há uma deixa (clique antes de abrir a divisória), que envia um aviso para o cérebro entrar em modo automático. Posteriormente há a rotina (percorrer o labirinto). Finalmente, a recompensa (chocolate), que auxilia o cérebro a avaliar se vale a pena memorizar esse ciclo em particular no futuro. Com a prática, esse ciclo se torna cada vez mais automático, até surgir um novo hábito.

Incorporar um hábito "bom" em sua vida ou eliminar um hábito "ruim" não é tarefa fácil. Você deve ser perseverante e, obviamente, você tem que se comprometer e ser autorresponsável.

Por que mapear a rotina?
Pessoas de todo o mundo diferem em muitos aspectos: quanto à sua aparência, interesses e em seu comportamento. Mas todos nós estamos inclinados a algo incomum. Não é difícil adivinhar, estamos todos vivendo tempos acelerados e ansiosos. Por isso é importante fazer um diagnóstico de como está atualmente. Já pensou você querer viajar e não checar as suas finanças ou disponibilidade de tempo? Ir de um ponto A para um ponto B requer uma análise precisa, para que assim você tenha escolhas e direções mais assertivas. Às vezes é preciso retirar os pensamentos da subjetividade da mente, isso é possível por meio do mapeamento da rotina e dos hábitos utilizando a escrita.

A importância de tornar os hábitos inconscientes conscientes
Depois de entendermos um pouco sobre como surgem os hábitos e consequentemente estabelecemos a rotina, chegamos à conclusão de que a maioria de nossos hábitos é completamente inconsciente, eles se tornam parte de nós, o que costumamos chamar de "piloto automático". Isso nos dá certa previsibilidade de como tudo acontece no dia a dia.

O que a previsibilidade causa ao nosso cérebro? A falta de estímulos, ou seja, tudo se torna tão previsível que não precisamos pensar. Vivemos no automatismo do cotidiano, sem perceber, e assim não estimulamos a nossa mente. Logo, nosso cérebro se torna ocioso e não desenvolvemos o potencial cognitivo que possuímos. Tudo aquilo que não nos exige nenhum tipo de esforço mental não é saudável para manter o cérebro ativo.

Para que esse cenário mude, precisamos deixar a "zona de conforto" e vamos em direção ao novo. Novidades estimulam nossa mente e trazem a possibilidade de novas conexões neuronais, as chamadas sinapses. Escrever, ler, participar de grupos, caminhar ou praticar algum exercício físico, enfim, explorar todo o nosso potencial criativo por meio de uma infinidade de atividades. Esse conjunto de ações possibilita mantermos um cérebro mais saudável, capaz de atuar melhor, mantendo uma excelente atividade neuronal.

Exercício prático: mapeando a rotina diária
Esse exercício tem por objetivo mapear a rotina diária, para assim tornar consciente os seus hábitos. Avaliar a própria rotina é o primeiro passo para a conscientização dos hábitos.

Escreva numa folha de papel qual é a sua rotina durante o seu dia de acordo com cada dimensão: física, mental/intelectual, emocional e espiritual.

Após escrever sobre a sua rotina, esmiúce os seus hábitos e suas especificidades:

- Em que horas e em qual lugar você está quando eles lhe ocorrem?
- Quais sentimentos despertam?
- Você está sozinho ou acompanhado?
- O que fez nas últimas horas?

Logo em seguida, pense e escreva quais hábitos quer eliminar, modificar ou substituir.
Quais hábitos são mais difíceis de ser modificados e por quê?
Consegue identificar quais são as suas resistências?

Avaliação dos resultados

Não basta apenas realizar o mapeamento da rotina, é importante avaliar os resultados. Avaliar a própria rotina é o primeiro passo para a conscientização dos hábitos.

Reflita e responda no seu diário:

- Como se sentiu observando a própria rotina?
- O que você descobriu sobre seus hábitos?
- Você saberia distinguir os hábitos que gostaria de eliminar, modificar ou substituir?

Exercício prático: eliminando, modificando ou substituindo hábitos

Esta atividade tem por objetivo estruturar por ordem de prioridade os hábitos mais importantes a serem eliminados, modificados ou substituídos, para assim você poder iniciar a criação de um Plano de Ação com metas e ações efetivas.

Escreva uma lista de pelo menos cinco hábitos que você deseja eliminar, modificar ou substituir e para cada um deles escreva quais os motivos que justificam a sua escolha e que ações pretende desenvolver para alcançar os seus objetivos de acordo com o exemplo a seguir.

Exemplo:
Quero eliminar/ modificar/ substituir o hábito de _____, Pois percebo que _____.
Irei a partir de hoje optar por _____.

Criando um plano de ação

Quando se estabelece uma sequência das atividades que precisamos realizar, é possível aperfeiçoar a rotina, melhorar o gerenciamento do tempo, obter mais segurança e alcançar resultados. Um plano de ação é uma forma organizada de traçar um caminho, segue uma metodologia para a criação de metas e objetivos, ela define as atividades que devem ser realizadas e acompanha o andamento das ações, para que sejam realmente efetivadas.

Nesse processo, é importante refletir sobre como você costuma iniciar as suas manhãs, você investe tempo para buscar equilíbrio e criar um estado mental excelente que vai durar o dia inteiro? Mantém uma postura de auto-observação e imagina como você gostaria que seu dia acontecesse?

Proponha-se a ter uma rotina matinal produtiva incorporando novos hábitos e a prática de algumas atividades diárias, como: silenciar, ler, escrever, fazer afirmações positivas, praticar atividades físicas.

Além de uma rotina adequada logo no início da manhã, é importante criar também o ritual da noite. Acredite ou não, nem todo mundo precisa das oito horas de sono de que todo mundo fala. Na verdade, as necessidades de sono variam de apenas cinco a dez poderosas horas por noite.

E, para finalizar, sabemos sobre a importância do cultivo de bons hábitos para a saúde física e mental, porém, nem sempre estamos dispostos a melhorá-los. Muitas vezes atribuímos essa ausência de disposição à falta de tempo ou a uma infinidade de outras justificativas. A manutenção ou a inclusão de novos hábitos ajuda a manter o equilíbrio mental e emocional. Vamos lá?

Referências
MALTZ, Maxwell. Psycho-Cybernetics. Simon & Schuster, 1960.
Massachusetts Institute of Technology. Distinctive brain pattern helps habits form: Study identifies neurons that fire at the beginning and end of a behavior as it becomes a habit. ScienceDaily. Disponível em: <http://www.sciencedaily.com/releases/2018/02/180208120923.htm>. Acesso em: 8 de fev. de 2018.
MARTIROS, Nuné; BURGESS, Alexandra A.; GRAYBIEL, Ann M. Inversely Active Striatal Projection Neurons and Interneurons Selectively Delimit Useful Behavioral Sequences. Current Biology, 2018; DOI: 10.1016/j.cub.2018.01.031.

Capítulo 14

Escolha ser feliz

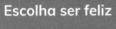

Letícia Keezy

Leitor, este capítulo é um manual prático para tornar seus sonhos realidade e ser feliz. Aqui, saberá como motivar-se, diariamente, identificar possíveis razões que estão o afastando da sua felicidade, co-criar o que deseja, realizar e ser feliz. Um verdadeiro guia para a sua trajetória rumo à conquista dos seus objetivos. Siga-o!

Letícia Keezy

Microempresária, Administradora, Analista Comportamental e *Coach*. MBA Gestão Empresarial (FGV - 2019), Bacharel em Administração (Mackenzie - 2008), dentre outras especializações. Formou-se com certificados internacionais em PNL *Practitioner* (Instituto Coaching Financeiro - 2019), *Coach* Pessoal, Profissional e Analista Comportamental (Instituto Coaching - 2018). Focando em administração empresarial e em humanos, é especialista em negócios e pessoas, bem como seus comportamentos, trabalhando como profissional independente e em pequenas e grandes companhias nacionais e multinacionais. Sua missão de vida é realizar os seus sonhos e do maior número de pessoas possível e, com essa meta, vem escrevendo a própria trajetória. Exemplos de grandes desejos que se tornaram realidade foi sua vivência internacional em 2012 em Londres certificando-se pela Kaplan International English e a criação em 2019 da empresa Sua Meta é Nossa Meta. Da mesma forma, crê no propósito e concretização dos sonhos de seus clientes e gestores.

Contatos
LinkedIn: Letícia Keezy (http://bit.ly/2uDCfHs)
Instagram: @leticiakeezy
coachleticiak@gmail.com
(11) 96464-0395

Pode ser que, ao abrir este capítulo, ou mesmo lendo o sumário, você tenha pensado: como assim, escolha ser feliz? É possível escolher? Pensando bem, nem vou olhar para este texto. Não só comprovarei a possibilidade, como digo desde já a você, que temos o direito e o dever de sermos felizes em todas as áreas da nossa vida ou no mínimo na(s) área(s) que desejamos.

Equilibrar a vida

Talvez já conheça a Roda da Vida, ferramenta utilizada nos processos de *coaching*, em que o *coachee* analisa o seu grau de satisfação em cada área da vida, classificando de 1 a 10. Muitas vezes, são escolhidas de 1 a 3 áreas melhores posicionadas e as mais baixas para serem trabalhadas. Podemos pedir ao *coachee* para escolher a mais alta que vai motivá-lo a aperfeiçoar a(s) área(s) que não estão tão boas. Mas aí vem a pergunta: por que isso? O intuito é ter equilíbrio em todas as áreas da vida. Porém, o equilíbrio não significa estar com todas as áreas com a nota 10. Todas poderiam estar com a nota 8 ou 4 e a roda se mostraria em equilíbrio, pois estariam iguais, ou seja, proporcionais, não é mesmo?

E, dessa forma, eu me questionava em relação à Roda da Vida. Crendo ser uma ferramenta importante e de grande valia, mas que, para mim, mais do que descobrir os pontos que deveriam ser melhorados para a vida "seguir em fluxo" e os que poderiam impulsionar para que isso acontecesse, o *coachee* precisava de uma motivação. Aí vem o "pulo do gato".

E como ter motivação?

Motivação é uma palavra muito falada e talvez uma pessoa que não está tão motivada a fazer algo pense: como vou conseguir isso? Ratificando que estamos aqui para sermos felizes em todas as áreas de nossas vidas ou, pelo menos, nas que desejamos - se bem que discordo do fato de alguém não escolher ser totalmente feliz-, digo que, além da felicidade ser uma escolha, independentemente da situação em que estamos e que ser feliz não é estar sempre sorrindo, não é passar por cima da tristeza sua e dos outros, não é encobrir a dificuldade e, sim, aceitar a situação atual e crer que é possível superá-la.

Aí entra a motivação. O segredo da motivação está na própria palavra, contudo, nem sempre isso é percebido: a ação é o que deve ser feito para que sejamos felizes e conquistemos objetivos. E a ação não vem do outro ou de um momento propício, vem de si mesmo. Você pode estar nesse momento questionando: na teoria é fácil, mas e na prática? Respondo: é exatamente a prática, o hábito. É com a prática, no dia a dia, que a sua motivação vai crescendo. Prática é ação e dessa ação, a qual inicia quando damos o 1º passo, que não é tão fácil, principalmente quando não temos vontade ou não queremos executar algo, é que, aos poucos, a motivação vai se tornando um hábito e devagar vai "criando corpo".

GUISE disse:

> Fazer um pouco é infinitamente maior e melhor do que não fazer nada...Fazer um pouco todos os dias tem um impacto maior do que não fazer nada...um pouco por dia é suficiente para se transformar em um hábito fundamental de vida.

Por exemplo, muitos falam "Preciso criar coragem para emagrecer, mas me sinto desmotivado". Hoje está quente, ontem estava frio, amanhã é sexta, depois de amanhã é Natal, e por aí vai... Também há os que dizem: quero voltar a estudar, mas não tenho dinheiro para pagar ou não tenho tempo, ou tenho filhos ou tenho marido, dentre outros motivos para não realizar o que deseja.

Esses objetivos de vida, muitas vezes, são sonhos que queremos que se cumpram, são deixados de lado dia após dia e vão ficando mais distantes de ser concretizados. E daí vem os sentimentos negativos como a frustração e a culpa; em alguns casos podem gerar doenças físicas e mentais, tudo porque não estávamos entusiasmados a implementar nossos sonhos.

Agora pergunto: vale a pena não se motivar e deixar os sonhos passarem e causarmos decepções a nós mesmos? Esse é o caminho da felicidade? Espero que nesse instante, você esteja respondendo não a essas perguntas.

Como, enfim, criar motivação

Se a motivação deve vir de nós mesmos e ela mesma deve ser um hábito, como criá-la dentro de nós?

Proponho a você um exercício:

- Imagine o que quer...

- Imagine conquistando o que você quer...
- Como é a sua roupa?
- Qual a cor dela?
- Como está seu rosto?
- E seu sorriso?
- Que gesto você está fazendo?
- Como é o lugar em que você está?
- Qual a música que está tocando?
- Qual é a sensação de conquistar o que você quer?
- Quem está feliz ao seu lado?
- Quem está lhe dizendo? Você conquistou o que quis e eu sempre soube que conseguiria.
- Quem está falando para você? Você é sensacional, alcança tudo o que deseja, pois faz dos seus sonhos realidade.
- Quem está falando para você? Estou tão feliz que obteve o que queria e estarei novamente ao seu lado na sua próxima vitória.
- E você vê na sua frente todos os que ama emocionados e muito felizes pelo seu triunfo, o abraçando e falando: eu sempre soube, eu confio em você, você é sensacional.
- E você agradece a si mesmo em 1º lugar e diz: eu sou mesmo incrível, mereço e isso é só o começo. Posso e terei tudo o que desejo em todas as áreas da minha vida.

Agora, peço para que feche os olhos e se imagine, mais uma vez, alcançando o que almeja, sinta a emoção, sinta as pessoas que você quer que estejam com você, o abraçando, emocionados, alegres por você ter atingido o que queria. Confiantes em você. Ouça a música do lugar, as pessoas falando que você é maravilhoso e que consegue tudo o que quer. Se veja super feliz; curta esse momento, vibre, pois esse momento é seu e de todos que o amam e torcem por você, que estão orgulhosos de você, da mesma forma que você está muito orgulhoso de si e tem a certeza de que obtém tudo o que quer, porque merece e tudo o que quer é o melhor da vida e o melhor para você. Vai abrindo os olhos lentamente, com a certeza de que daqui em diante você estará sempre motivado.

Faça esse exercício diariamente, se possível ao acordar. Sei que tem dias que essa motivação pode diminuir, que você não vai querer fazer. Não se desespere, confie, faça mesmo que não se sinta entusiasmado, porque é nessa hora que o impulso virá. Se estiver triste, se estiver desanimado, porque tem dias que são

119

assim, insista, porque é justamente nessa ocasião que você vai reunir forças para seguir e conseguir seu objetivo. E se na hora não tiver um objetivo em mente, pense no melhor dia possível: idealize o seu dia feliz, vivendo-o da melhor forma. E se mesmo assim, você falar hoje não, estou atrasado, não quero etc., faça em qualquer outro momento, faça quando estiver se sentindo mal, faça quando sentir vontade. Faça também mais de uma vez, caso queira, pois você potencializará muito mais e essa vontade crescerá dentro de você e assim, confiante, estará próximo de realizar seus sonhos.

COVEY escreveu: "Começar com o objetivo na mente se baseia no princípio de que todas as coisas são criadas duas vezes. Há uma criação mental ou inicial, e uma criação física, ou segunda criação, em todas as coisas". Logo se mentaliza o que quer, automaticamente está criando algo que se tornará realidade.

Ser feliz e realizar

É importante saber o que você deseja e agir conforme, para que alcance o resultado. Muitos dizem: quero ser saudável, quero trabalhar com o que gosto, ter uma família feliz. Mas querer nem sempre é poder. "Mas Letícia, você disse que podemos sim". Pois bem, mas você está agindo conforme? Porque querer, sem realizar de acordo, não gera o resultado esperado. Sabe aquela frase: "Você colhe, o que planta"? Então... Mais uma vez, pode estar se perguntando. Falar é fácil, quero ver na prática. Faça as perguntas a seguir a si mesmo:

- Eu quero mesmo ser feliz? Estou agindo para isso?
- Depende de quem para eu ser feliz? Vou aguardar a condição adequada para ser feliz?
- Quem cria a trajetória para eu ser feliz? Quem decide se o dia vai ser bom ou não, independentemente do contexto?
- Quem escolhe se serei feliz ou não? O que estou esperando para ser feliz?
- Quem deve, em 1º lugar, lutar pela minha felicidade?

Meu amigo, essas perguntas devem levá-lo a responder, a si mesmo, que é o autor da sua vida, mais ninguém. Cada um de nós tem a obrigação consigo mesmo de tomar a decisão de ser feliz. Ninguém fará mais por si do que você mesmo. Lembre-se disso.

Congruência com seus valores

Às vezes, acreditamos que não estamos no caminho certo ou que já fizemos de tudo, ou que não somos capazes. Porém, o que queremos, ou o modo como nos comportamos, pode não estar condizente com os nossos valores. Quando percebemos que o almejado *versus* nossa ação *versus* nossos valores não estão condizentes, fica claro em nossa mente que essas coisas não estão conectadas e, por isso, não conseguimos o que queremos.

Exemplificando

Uma pessoa quer parar de fumar. Ela frequenta um psicólogo, um grupo de apoio e já comprou cigarro eletrônico, mas ainda fuma. Essa pessoa tem a família que sempre quis, um emprego que ama, estabilidade financeira, mas sua saúde não está tão boa. Começou a fazer exercícios, mas se sente cansada, a respiração não ajuda e isso a desanima. Sua família está triste com isso e preocupada, pois o médico já disse que, se não parar de fumar, sua saúde vai piorar. Essa pessoa diz que ama viver, ama sua família e que quer mudar, mas não consegue. Pergunto: o fato de dizer que ama a família e a vida está condizente com o fato de não conseguir parar de fumar? Pense um pouco...

Abaixo, a síntese do cenário:

- O valor dessa pessoa é a sua família e sua própria vida: a ama e quer continuar viva com ela.
- Diz que seu objetivo é parar de fumar, mas continua fumando.
- Sabe que continuar viva e melhorar sua saúde depende de parar de fumar e fazer exercícios.
- Não está conseguindo se exercitar, porque continua fumando, o que prejudica a prática.

Será que essa pessoa valoriza mesmo sua vida e família e pretende mesmo manter-se viva e com ela? Descubra o erro... Vou ajudá-lo.

- Continuar vivo e com sua família (seus valores) = parar de fumar (decisão concordante com seus valores).
- Continuar fumando é contraditório com seus valores, pois vai levá-la ao falecimento, o que é o oposto do que deseja.

Entendeu? Se você quer algo, precisa analisar se está de acordo com seus princípios essenciais ou se, ao contrário, você está seguindo em uma direção oposta. Analise-se sempre que crer necessário, comparando seus valores com suas ações rumo ao seu objetivo.

Presente para você (Passo a passo simples)
Dedique esse tempo a si: pessoa mais importante da sua vida.
1. Liste áreas da sua vida: profissional, família, saúde, sonhos...
2. Para cada uma, escreva o que gosta, o que não gosta, o que quer melhorar e conquistar.
3. O que gosta, costume agradecer todo dia.
4. Para o que não gosta e o que quer melhorar, pense qual seria a solução e como pode agir para mudar.
5. O que quer conquistar: defina como e coloque data para isso. Seja razoável, não coloque metas e datas difíceis de alcançar, pois pode não as conseguir e gerar frustração. Esse não é o objetivo. Vá aos poucos, cada meta alcançada trará mais satisfação e vontade para atingir outras. A intenção é progredir.
6. Faça o exercício diário de imaginação, onde se vê vencedor.
7. Automotive-se.
8. Comemore cada conquista, grande ou pequena.
9. Recompense-se com cada feito, lembrando que o feito já é a uma grande recompensa.
10. Revise sua lista sempre que possível e que desejar.
11. Escolha ser feliz.

Considerações finais

Querido leitor, não sabemos até quando estaremos vivos. Enquanto isso: vivamos e sejamos o melhor que pudermos ser. Aproveitemos o nosso tempo da melhor forma possível, porque é exclusivo. Não se culpe. Perdoe-se. Busque soluções aos problemas e saiba que eles existem para que aprendamos e para nossa evolução. Não deixe que o desânimo e o medo paralisem as atitudes. Ser cauteloso e zeloso é necessário, mas há um limite entre isso e as execuções em busca da felicidade. Lembre-se: cada um é único e escreve sua história.

Espero que, desde já, seja mais feliz em todas as áreas de sua vida, encontrando inspiração, pelas orientações aqui fornecidas. Se necessário, leia e releia. Acredite que é possível e repasse esta mensagem. E se concluir que será mais eficiente recorrer à ajuda de profissionais para seguir, pense nessa possibilidade. Há casos em que verificamos a necessidade desse auxílio para conseguir chegar ao destino de forma mais eficaz e rápida. Escolha ser feliz! Acesse este *link* e ganhe mais um presente: bit.ly/coachleticiakeezy. Você merece!

Referências
COVEY, Stephen R. *Os 7 hábitos das pessoas altamente eficazes*. Best Seller, 2014.
DUHIGG, C. *O poder do hábito*. Objetiva, 2012.
GUISE, Stephen. *Mini-hábitos*. Objetiva, 2019.
LUZ, Marcia. *A Gratidão transforma os seus pensamentos*. DVS, 2017. pp. 17-33.

Capítulo 15

Protagonismo em sua carreira: quatro passos para o sucesso

Luana Lourençon

Neste capítulo, você encontra pontos-chave para gerenciar sua carreira de forma eficaz. Estamos diante de um mercado dinâmico, que passa por transformações em todos os segmentos e áreas de atuação, o que tem mudado a forma de fazer negócios e as habilidades esperadas pelas grandes organizações. Nesse contexto, o desenvolvimento de competências comportamentais é fundamental para se destacar.

Luana Lourençon

Especialista em carreira; consultora de desenvolvimento e comunicação; professora, treinadora e palestrante. Graduada em Comunicação Social (PUCCAMP), especialista em Gestão da Comunicação com o Mercado (ESAMC), com MBA em Gestão Estratégica de Pessoas (FGV-Rio) e formação em *Master Coach* de Carreira (Instituto Maurício Sampaio). Mais de dez anos de experiência nas áreas de Gestão de Pessoas e Comunicação em empresas nacionais e multinacionais de grande porte. *Expertise* em treinamentos institucionais, técnicos e comportamentais voltados ao desenvolvimento humano organizacional. Como HR *Business Partner* (parceiro de negócio), possui vivência estratégica nos subsistemas Carreira e Sucessão, Treinamento e Desenvolvimento, Avaliação de Desempenho, Atração & Seleção e Comunicação.

Contatos
luana.lourencon@gmail.com
Instagram: @luanalourencon
LinkedIn: https://bit.ly/2uEEoCP
(32) 98805-9597

Fazer a gestão de nossa carreira é um enorme desafio. Envolve questões como sonhos, desafios, dúvidas, insegurança e tomadas de decisão. Porém, não fazer esse gerenciamento acarreta frustração e o preço pode ser alto. De acordo com pesquisa publicada pela revista *Profissionais & Negócios*, 52% dos jovens adultos com cerca de 30 anos afirmam trabalhar para sobreviver, ou seja, não fazem uma atividade profissional da qual se orgulham. As razões que levam à tamanha insatisfação são, sobretudo, falta de planejamento e de autoconhecimento. Para não fazer parte desse cenário, alguns pontos são cruciais para o desenvolvimento de sua trajetória profissional de forma sustentável. Além do autoconhecimento e planejamento, acrescento também a autorresponsabilidade e o foco.

Temos como desafio constante entender quais ocupações continuam a ser valorizadas diante da evolução tecnológica e mudanças de hábitos de consumo, que transformam constantemente a dinâmica do mercado de trabalho e a forma de fazer negócios. Segundo a Organização para Cooperação e o Desenvolvimento Econômico (OCDE), até 2030, cerca de 65% dos alunos do ensino fundamental atuarão em profissões que ainda não existem.

Além da atualização técnica constante e a percepção sobre áreas promissoras, o desenvolvimento de competências comportamentais é crucial para o protagonismo em sua trajetória profissional. Dessa forma, as oportunidades estarão alinhadas com seus valores e objetivos. Com isso, as chances de sucesso profissional e satisfação pessoal aumentam consideravelmente. A seguir, você confere a importância de tais competências e dicas de como desenvolvê-las.

Autoconhecimento

Conhecer a si mesmo é um caminho valioso rumo ao sucesso. O equilíbrio e a compreensão dos fatores externos também se tornam mais fáceis quando o pilar do autoconhecimento está fortalecido. Ao tomar consciência sobre seus valores, qualidades e pontos de desenvolvimento, você estará mais preparado para resolver problemas e enxergar oportunidades diante de contextos desafiadores. Outras fortalezas de pessoas com bom nível de autoconhecimento estão no aumento da coragem e no controle das emoções e pensamentos.

Falando de forma prática, ao desenvolver o autoconhecimento, você escolhe em quais oportunidades investir, estando alinhadas com seus valores e estilo de vida. Isso significa que, diante de um processo seletivo, por exemplo, não é apenas você quem é selecionado, pois também escolherá empresas e vagas que atendam às suas premissas. Para os empreendedores, a ideia também segue essa linha: além de avaliar as oportunidades de sucesso em vendas, é crucial verificar se a atuação na área pretendida atende às suas aptidões e forças pessoais.

No processo de busca pelo autoconhecimento, o *coaching* pode ser um grande aliado. Por meio da metodologia e ferramentas adequadas, é possível mapear seu perfil profissional, identificar seus pontos fortes e de desenvolvimento, além de identificar suas crenças limitantes e como modificá-las.

Você também pode adotar alguns hábitos no dia a dia que contribuem com o seu autoconhecimento:

- **Questione mais.** Perceba suas preferências, o porquê de pequenas decisões, quais são suas motivações e quais são suas influências, na vida pessoal e no trabalho.
- **Diga não quando necessário.** Colocar-se em primeiro lugar não torna ninguém menos gentil ou prestativo. Dizer não significa manter o foco no que é importante para você.
- **Experimente o novo.** Conhecer um restaurante, fazer uma viagem para um lugar ainda desconhecido, sair com uma turma com quem não se encontra há mais tempo. Tudo isso faz com que você saia da zona de conforto, amplie sua visão de mundo e contribua com o seu autoconhecimento.
- **Tenha tempo para você.** Faça o que faz bem e não abra mão desse momento. Pode ser um *hobby*, esporte, prática de meditação... O importante é estar alinhado com seu estilo e gostos pessoais.

Planejamento

Para ter a carreira em suas mãos, o planejamento também é fundamental. Com a base do autoconhecimento bem estabelecida, é hora de saber aonde se quer chegar. Lembre-se que para quem não sabe aonde vai, qualquer caminho serve. Portanto, entenda qual é o seu objetivo e estabeleça metas para alcançá-lo.

Independentemente de sua área de atuação e desafios a serem vencidos, é por meio do planejamento que você chegará a um outro patamar no futuro, já que este será o meio para sair do ponto A e chegar ao ponto B. É natural que bons resultados comecem com bons planos, pois o planejamento possibilita visualizar todos os recursos necessários e disponíveis. Assim, a dedicação de tempo, dinheiro e energia é equilibrada de forma adequada.

Você sabia que apenas 8% das pessoas efetivamente cumprem suas resoluções de Ano Novo? São vários fatores que influenciam esse insucesso, como não adotar novos hábitos ou estabelecer metas desafiadoras demais (que acabam se tornando um fator de desmotivação). Além disso, a falta de acompanhamento também pode ser um grande vilão para que sua carreira não evolua. Afinal, metas que ficam na gaveta acabam sendo esquecidas.

A boa notícia é que o processo de *Coaching* também pode ajudar você no desafio do planejamento. Após desenvolver o autoconhecimento, é importante partir para a ação. Isso se materializa por meio da aplicação de ferramentas para estabelecer metas, prazos, responsabilidades e identificação dos recursos necessários. Confira também algumas dicas de planejamento:

- Defina seus objetivos de carreira. Preferencialmente de curto, médio e longo prazos.

- Estruture um plano de ação. Com prazos, responsabilidades e recursos necessários (não apenas o investimento em si, mas o tempo a ser dedicado também é importante).

- Acompanhe. A falta de acompanhamento é um inimigo silencioso. Um plano bem executado exige o acompanhamento periódico com possíveis correções de rota.

Autorresponsabilidade

Todos nós temos potencial a ser desenvolvido. No entanto, não é raro que esse potencial fique adormecido na chamada zona de conforto. Zona de conforto, como o próprio nome sugere, se dá por meio de ações, pensamentos ou comportamentos que não levam à mudança e, portanto, à evolução.

Nesse cenário, muitas vezes colocamos a "culpa" pelos insucessos em situações externas. "Não tenho uma carreira próspera porque a empresa em que trabalho não me dá oportunidades". "Não sou uma boa mãe porque minha vida é corrida e eu passo muitas horas no trabalho para sustentar meus filhos". "Não consigo chegar ao meu peso ideal devido ao tempo que passo no trânsito e, com isso, não consigo praticar atividade física e ter uma alimentação balanceada".

De acordo com Paulo Vieira, autor do livro *O poder da ação*, as desculpas colocadas à frente dos insucessos são "historinhas". São conhecidas também como "desculpas tranquilizadoras". Essas desculpas que sabotam o potencial são estruturas verbais e mentais que justificam os fracassos. É uma forma de não responsabilização pelas ações, comportamentos e resultados. Como consequência, há a fuga da autorresponsabilidade e, assim, as "historinhas" se tornam verdades para o cérebro.

O primeiro passo rumo à autorresponsabilidade é assumir uma posição de protagonista em vez de vítima. Na historinha "não tenho uma carreira próspera porque a empresa em que trabalho não me dá oportunidades", o sujeito coloca a responsabilidade por sua falta de sucesso na organização em que trabalha. É possível mudar o modelo mental para "eu posso ter uma carreira próspera buscando a valorização do meu trabalho ou procurando por uma nova empresa, que esteja mais alinhada com meus valores e propósito". Fica clara a diferença? É muito cômodo terceirizar uma responsabilidade que, na verdade, afetará a você mesmo.

Outra atitude importante é sugerir melhorias em vez de apenas criticar. Você deve conhecer pessoas que adoram criticar por criticar. Em toda situação, elas rapidamente enxergam o lado negativo, reclamam por hábito e raramente propõem algo novo. A crítica pode ser agregadora, desde que seu propósito seja influenciar uma mudança positiva. Especialmente quando a situação em questão afeta sua vida diretamente. Por exemplo, se você participa de uma reunião semanal que começa sempre com 15 minutos de atraso, é possível sugerir ao organizador do evento um novo horário, entendendo o porquê do atraso. Concorda que é diferente de reclamar em todo episódio sobre perda de tempo e atraso e não tomar nenhuma atitude?

Por fim, aprenda com os erros em vez de justificá-los. Errar faz parte do caminho de aprendizado. É inclusive importante para o amadurecimento e evolução. Além disso, terceirizar o erro é uma fuga da autorresponsabilidade. Em vez de encontrar o culpado, procure entender o seu papel de responsabilidade e o aprendizado de cada experiência.

Foco

Você pega o celular para acessar uma mensagem de WhatsApp que acaba de chegar. Da conversa, acessa outro aplicativo para assistir ao vídeo recebido. Ao lado do vídeo, encontra um *hiperlink* para conferir o novo clipe do seu artista favorito. Pronto! Lá se vão 30 minutos preciosos do seu dia, sem foco.

A quantidade de informações que recebemos ao longo do dia é gigantesca. Somos estimulados o tempo todo a justamente sair do foco. Esse é um dos fatores que leva à ansiedade, que hoje é considerada um dos males do século XXI.

Para driblar o excesso de estímulo, uma saída é desenvolver o foco por meio da atenção plena, conhecida também como *mindfulness*. A atenção plena nos traz ao momento presente, fazendo com que a gente perceba, observe, crie consciência sobre o que estamos fazendo no momento presente.

Os benefícios da atenção plena vão além do nosso desenvolvimento profissional. Por meio dela é possível estimular também o equilíbrio emocional, contribuir com o processo de tomada de decisões e desenvolver o autoconhecimento.

Para obter foco, é primordial estar atento ao agora. Elimine o hábito de viver pensando no futuro e ruminando o passado excessivamente. Enquanto pensar insaciavelmente no futuro gera ansiedade, viver no passado gera frustração e não leva a lugar algum. Há apenas um tempo em que é possível desenvolver ações: o presente.

Portanto, para desenvolver o foco e depositar seus recursos de forma adequada, é importante viver o agora com atenção plena. O autoconhecimento, em si, é um grande aliado nessa busca, já que proporciona perceber os gatilhos da mente que levam você a divagar e perder o foco. Meditar pode ser um caminho que contribui com o foco e a canalização da energia para as atividades que realmente agregam valor aos seus objetivos pessoais e profissionais.

Outras dicas

O desenvolvimento e planejamento de carreira são importantes para sua realização profissional e são o meio para alcançar êxito em sua vida pessoal. Ao desenvolver o autoconhecimento, o planejamento de ações de acordo com seus objetivos, trabalhar a autorresponsabilidade e manter o foco, você irá prosperar.

No livro *O milagre da manhã*, o autor Hal Elrod salienta que muitas vezes nós pensamos demais nas ações que, na verdade, deveríamos estar realizando. "Todos sabemos o que precisamos fazer; apenas não fazemos consistentemente o que sabemos". Nessa desafiadora trajetória, despeço-me com estas últimas dicas valiosas para seu sucesso:

- Lembre-se sempre de ser realista com suas metas, para que não sejam fáceis demais, nem inalcançáveis diante dos seus recursos atuais.
- Mantenha-se atualizado sobre sua área de atuação, para que esteja preparado para as oportunidades.
- Seja realista com suas metas.
- Desenvolva seu *networking*, mantendo contato com pessoas influentes e inspiradoras, que possam agregar ao seu objetivo.
- Tenha mentores. Eles são importantes para dividir uma visão mais experiente que a sua e contribuem com a autoconfiança.
- Invista em seu *marketing* pessoal. Você é o responsável pela sua imagem. Não delegue isso a ninguém.

Referências
ELROD, Hal. *O milagre da manhã*. 11. ed. Rio de Janeiro: Best Seller, 2018.
TOLLE, Eckhart. *O poder do agora*. Rio de Janeiro: Sextante, 2002.
VIEIRA, Paulo. *O poder da ação*. 25. ed. São Paulo: Editora Gente, 2015.
O fim do trabalho (como o conhecemos). Revista Profissional e Negócios, n. 213, ano XVIII, 2016.

Capítulo 16

A tríade da alta *performance* - competências técnicas e comportamentais: a C.H.A.V.E para o sucesso profissional

Lucia Mamedes

Neste capítulo, os leitores encontrarão a visão sistêmica para alavancar sua *performance* e colocar em prática nas organizações seus conhecimentos, habilidades, atitudes, valores e emoções. Será o momento de sair do piloto automático, avaliando sua ocupação atual, os níveis que pode buscar em sua carreira (operacional, tático e estratégico) dentro de um organograma e com uma metodologia C.H.A.V.E que poderá moldar o seu futuro.

Lucia Mamedes

Mentora e *coach* especialista em mobilizar pessoas, processos, empresas e idealizadora da Tríade da Alta Performance Técnica e Comportamental a C.H.A.V.E com visão sistêmica. Certificada por instituições nacionais e internacionais. *Personal & Professional Coaching* pela Sociedade Brasileira de Coaching. *Practitioner* em Programação Neurolinguística pela Sociedade Brasileira de Programação Neurolinguística, consultora em Análise de Perfil Comportamental com base na metodologia do *Coaching Assessment* pelo Instituto Brasileiro de Coaching, *leader coach training* pelo Instituto Brasileiro de Coaching, bacharel em Ciências Contábeis pela Universidade FAENAC, pós-graduada em MBA em Planejamento e Gestão Estratégica pela FATEC, MBA Executivo em Desenvolvimento Humano e Psicologia Positiva.

Contatos
http://luciamamedes.com.br/
contato@luciamamedes.com.br
lucia.mamedes@gmail.com
LinkedIn: Lucia Mamedes Coach
Facebook e Instagram: @luciamamedescoach
(11) 98317-0669

Muito se fala neste século sobre a C.H.A.V.E da Competência (Conhecimento, Habilidade, Atitudes, Valores e Emoções). Esse método ganhou status a partir dos estudos de David McClelland nos anos 70, e nas organizações universalmente adotou-se a fórmula C.H.A, sendo essa equação um produto, e conforme o tempo passa os conceitos são aprimorados, o C.H.A virou C.H.A.V.E. A tríade se tornou responsável por ampliar o sentido de competência por meio de um referencial que se assemelha a padrões internacionais, onde possuir competência é a condição para competir e se manter no mercado e no jogo dos negócios.

Para compreender o novo conceito de competência como um conjunto de conhecimento, habilidade, atitude, valores e emoções que justificam a alta *performance*, entende-se que as melhores *performances* estão fundamentadas em conciliar os processos emocionais e racionais, saber equilibrar e harmonizar nossas competências técnicas e comportamentais. A C.H.A.V.E oferece elementos para que o profissional se desenvolva e se mantenha continuamente em processo de aprendizagem. Vamos entender melhor a tríade da competência C.H.A.V.E conforme a aplicação a seguir:

C.H.A.V.E – Modelo de Competência

A metodologia trouxe para o mundo corporativo uma melhor compreensão sobre o processo de avaliação de competências técnicas e comportamentais dentro do RH. Ficando a classificação das competências na C.H.A.V.E (Conhecimento, Habilidade, Atitudes, Valores e Emoções) conforme abaixo:

O conhecimento é o saber. É o que as pessoas aprendem nas escolas, nas universidades, nos livros, no trabalho, palestras, vídeos e, especificamente, em suas vidas. O ser humano sabe muitas coisas e aprende cada vez mais no decorrer dos dias, porém, raramente usa o que sabe. O desafio é disseminar e saber utilizar esse conhecimento para gerar frutos.

A habilidade é o saber fazer. É tudo o que de fato é aprendido e utilizado no decorrer da vida. É colocar em prática o que se tem de teoria. Saber fazer é onde inicia o diferencial do profissional. É preciso treinar, pois a prática leva à perfeição, ou seja, desenvolve a habilidade e se instala na mente do profissional.

A atitude, por sua vez, é o querer fazer, o que leva as pessoas a decidir e exercitar seus conhecimentos, suas habilidades, que só terão resultado se tiver atitude, ou seja, ir lá e querer fazer.

As atitudes precisam ainda de foco para que os conhecimentos e habilidades entreguem resultados para os objetivos esperados. Atitude é o comportamento, é fazer acontecer para gerar mudanças.

Os valores são o porquê de fazer, são as crenças do indivíduo. Sua escolha profissional, sua área de atuação, sua postura, o que priorizamos com base em nossa cultura, linguagem e história pessoal. São os princípios que o indivíduo traz consigo em sua história pessoal desde criança, durante a adolescência, no decorrer da vida adulta, no convívio familiar e no cotidiano ao longo de sua experiência de vida. Onde enfatiza a importância dos bons exemplos na sociedade, trazendo consigo as características como responsabilidade, seriedade, honestidade e ética, que são valores humanos que conduzem para um futuro pacífico e sustentável.

O significado das emoções, o comportamento, é a expressão dos valores no ambiente, onde as competências técnicas e comportamentais encontram condições para serem exercidas em um espaço que os comportamentos coadunam com as mesmas realizações de sonhos e objetivos em comum entre a empresa e o profissional. Isso se dá com base na cultura, visão, valores, missão, propósito e modelo organizacional. Aqui temos o grande diferencial, pois os indivíduos que equilibram as emoções, têm inteligência emocional, performam para o bem físico e mental comum a todos (*stakeholder*).

Para auxiliar os leitores neste trabalho, vamos desdobrar os conceitos de competências técnicas e comportamentais, necessárias para sua alavancagem profissional, pois não podemos esperar que o sucesso bata à porta, é necessário que tenhamos a C.H.A.V.E.

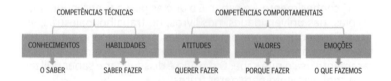

O agrupamento de competências técnicas e comportamentais são elementos essenciais para gerar um resultado constante e poderá ser medido no ambiente organizacional.

Competências técnicas

São competências para o exercício de determinado cargo na empresa, as quais são segmentadas em grupos dentro de três níveis (operacional, tático e estratégico) para designar as competências de determinados grupos dentro do organograma.

Competências comportamentais

São comportamentos observáveis, como o profissional interage com os outros indivíduos e traz consigo as capacidades: analítica, organização, comunicação, capacidade de negociação, trabalho em equipe, cooperação, foco em superação, visão institucional, adaptação às inovações, equilíbrio, iniciativa, empatia, disciplina, flexibilidade, comprometimento, ética e possui como famoso indicador de potencial a "inteligência emocional" (a competência do futuro). O profissional com as competências acima desenvolve para si oportunidades, clareza, aprende a desaprender, é consistente, erra e aprende rápido, buscando assim a excelência e se mantém em constante crescimento.

De acordo com Bateman e Snell (1998), as organizações podem ser divididas em três níveis: estratégico, tático e operacional, de acordo com o tipo de trabalho que é desenvolvido por cada nível.

O gráfico abaixo nos dá a ideia visual de como funciona a hierarquia dos níveis estratégicos nas organizações, que é de suma importância saber seu estado profissional atual e o estado desejado, onde poderá traçar objetivos e construir um plano para facilitar sua trajetória e o sucesso profissional.

Modelo de Níveis Estratégicos

A seguir será apresentado o detalhamento dos conceitos do planejamento dos níveis operacional, tático e estratégico dentro da pirâmide e a estrutura organizacional.

No planejamento do nível operacional se concentra a maior quantidade de colaboradores dentro da organização, com funções específicas ligadas ao dia a dia, onde são alinhados os métodos de trabalho, o fluxograma, cronograma e gerenciamento da rotina com detalhamento e a entrega dos resultados esperados. Nessa posição hierárquica, encontramos os grupos de auxílio, assistente e analista, ligados aos setores administrativo, comercial, técnico e de produção.

Esse é o ambiente onde é necessário haver um maior nível de assertividade, que devidamente alinhado com os objetivos estratégicos e decisões táticas virá a ocorrer diariamente com efetividade.

O planejamento do nível tático localiza-se no ponto mediano da pirâmide, onde tem como principal objetivo traduzir as metas, planos de ação desenvolvidos no nível estratégico, coordenando o plano operacional na busca do plano traçado. Nessa posição hierárquica, encontramos os grupos de coordenação e supervisão, onde respondem pela identificação de oportunidade, tendências e riscos operacionais com base na análise dos ambientes (interno e externo). Com isso, surgem desenhos de planos de ação entre as áreas da empresa, identificando as possibilidades de melhorias, investimento e crescimento. Nesse nível, deve-se efetuar o acompanhamento das metas e atingir os objetivos propostos pela organização.

O planejamento do nível estratégico se localiza no topo da pirâmide, o ponto mais alto da hierarquia, onde se concentra a menor quantidade de pessoas. Aqui é onde se aponta a direção das políticas, planejamento e objetivos estratégicos, ou seja, onde a empresa irá caminhar quanto às diretrizes com negócios, processos, pessoas e tecnologia. Nessa posição hierárquica, encontramos o grupo de gerência geral, superintendência, diretoria, presidência, que tem a função de definir o rumo dos negócios e políticas gerais das respectivas áreas de atuação.

Sendo crucial neste nível estabelecer estratégias, políticas e programas para o desenvolvimento contínuo da empresa, analisando os aspectos internos e externos, pois daqui nasce a visão, missão, valores e propósito da empresa com os quais se identifica e se diferencia dos concorrentes. Em resumo, a estratégia geral está em fortalecer o nome, expandir horizontes, conquistar novos mercados e tornar-se uma marca sustentável e promissora para todos.

Entender o funcionamento da tríade C.H.A.V.E e os níveis estratégicos nos proporciona visão macro e análise global quanto ao papel que cada pessoa e processo desempenham na organização.
Se quer ampliar sua *performance* técnica deve entender os processos da corporação e sua função dentro do organograma.
Quanto à *performance* comportamental, o segredo é ter controle emocional, equilíbrio no pensar, entender e facilitar as tarefas utilizando-se da boa comunicação dentro do cenário organizacional.
O profissional com visão sistema e inteligência emocional é um diferencial competitivo no mercado.
Agora é o momento de sair do piloto automático, pois apresentamos ao leitor a C.H.A.V.E, onde poderá mapear seus pontos positivos e a desenvolver dentro de uma estrutura e estratégia organizacional, conquistando uma carreira profissional promissora.

Conclusão

Desejo que este material se torne referência para sua evolução rumo ao sucesso pessoal e profissional, e que a felicidade em sua carreira seja inspiração para todos aqueles que buscam a realização do seu propósito de vida. Seja ousado e se capacite diariamente.
Há um mundo esperando que você diga:
Eu quero! Eu posso! Eu consigo! Eu mereço! Hora de avançar!
Porque eu permito! Eu aceito! Eu recebo! Eu agradeço!
Sucesso!
Se quiser aprender mais sobre o assunto, siga-me nas redes sociais, será um prazer contribuir!
Gratidão.

Referências
BERGAMINI, Cecilia Whitaker. *Desenvolvimento de Recursos Humanos: uma estratégia de desenvolvimento organizacional.* São Paulo: Atlas, 1980.
CHIAVENATO, Idalberto. *Planejamento Estratégico.* Idalberto Chiavenato, Arão Sapiro. Rio de Janeiro: Elsevier, 2003.
SANTOS, Maria. *A ética e os valores do indivíduo*, 2011. Disponível em: <http://www.administradores.com.br/artigos/cotidiano/a-etica-e-os-valores-do-individuo/54296/>. Acesso em: 16 de set. de 2018.
Conhecimento, Habilidade, Atitude, Valores e Entusiasmo: uma evolução de suas competências, 2014. Disponível em: <http://equipe-de-alta-performance.com.br/2014/05/22/233/>. Acesso em: 14 de set.de 2018.
Imagem 2: https://wiki.redejuntos.org.br/busca/governanca-em-egp-como--e-estrutura-organizacional-de-um-escritorio-de-gerenciamento-de - Níveis Estratégicos.
Revista Liderança. *Gestão de pessoas e atitudes.* Editora Quantum: Edição de Março de 2012.

Capítulo 17

Autoconhecimento: o caminho para sua liberdade pessoal, profissional e espiritual

Marcelo Costa

Neste capítulo, você encontrará o caminho para a libertação pessoal, demonstrarei de forma objetiva algumas considerações que, se praticadas, farão a diferença na sua vida na de todos que o rodeiam. Se estiver disposto a encarar um desafio, continue esta leitura e vamos praticar o TBC. Destaco minhas experiências pessoais para provocar sua reflexão interna quanto a mudar. Topa o desafio?

Marcelo Costa

Triatleta *Iron Man*, casado com Vanessa, pai da Mel, Malu e Marcelo Filho, adora inspirar e transformar vidas como vocação. Contador graduado pela FAFISP (2003), com especialização em Gestão Empresarial, Análise de Demonstrações Contábeis e Auditoria, perito judicial desde 2004 nas comarcas do Estado de Goiás, *personal professional coaching* (2011), líder *coaching*, *executive coaching* e *alpha coaching* (2012), certificado pela Sociedade Brasileira de Coaching (SBCoaching). Analista de Mapeamento de Perfil Comportamental DISC *Profiler* (2014) e ADV Innermetrix (2019). Escritor dos livros *Qual é o seu propósito?* (Ed. Kelps), *O desafio de educar, bem-estar mental na atualidade* (Ed. Conquista), caixa *Coaching interativo* (Ed. Kelps), caixinha *Quem é você?* (Ed. Matrix), caixinha *Você conhece seu filho?* (Ed. Matrix). Criador do método MAC5 – Mudança de Atitude e Comportamento. *Trainer* e palestrante pelo Instituto Contecrh – Treinamentos e Desenvolvimento Humano Ltda. Consultor/*Coach* em empresas do Estado de Goiás.

Contatos
www.mac5.net.br
www.qualeoseuproposito.com.br
marcelomac5@icloud.com
Instagram: coachmarcelocosta
Facebook: @metodomac5
WhatsApp: (62) 98520-5013 (Vanessa)

"Conhece-te a ti mesmo e conhecerás o universo de Deus."
Sócrates

Existem várias definições do que é autoconhecimento, uma das que mais gosto é da Sociedade Brasileira de Coaching, que destaca que nada mais é do que uma investigação sobre si próprio, em outras palavras, nossa capacidade de olhar para dentro e saber exatamente quais são as virtudes e defeitos, as forças e fraquezas que precisamos dar mais ênfase.

Uso muito o termo *mindset*, no qual me refiro à forma com que a mente se configura ou apenas um mapa mental, aquilo que temos organizado de informação na nossa mente. E autoconhecimento significa fazer um mapeamento interno completo, sendo capaz de perceber o que preciso mudar/transformar em busca de ser uma pessoa melhor.

Antes de continuar esta leitura, faça uma pausa para responder à seguinte pergunta a si mesmo: o quanto estou investindo na busca de me conhecer e ser uma pessoa melhor? Qual seria a sua resposta?

O que somente você pode fazer agora para dar o próximo passo? Depende de quem?

Vamos lá, quero ajudá-lo...

Você tem feito de si a sua própria bússola? Ou está no efeito manada? Esse termo significa a tendência humana de repetir ações feitas por outras pessoas, ainda mais se estas forem influentes, esperando assim ter o melhor resultado possível em um mar de escolhas. O nome é dado graças à semelhança com o que ocorre no reino animal.

Todos os outros artigos aqui já destacaram o que é mapeamento comportamental e o que um *assessment* é capaz de fazer para que você tenha uma vida plena e se descubra como pessoa, porém quero enfatizar neste que essa autoanálise propiciará um autoconhecimento duradouro e eficaz na busca da sua tão sonhada felicidade.

Com o tempo, se entende que nem tudo que ouvimos, vemos e pensamos é real, e aí então iniciamos uma busca constante em um mundo interior chamado autoconhecimento, quando descobrimos mais de nós mesmos estamos abertos ao conceito chamado evolução de consciência. E esse mundo se transforma quando estamos aptos a acreditar no próximo, com a certeza de que podemos ser melhores.

A cada nova descoberta, essa evolução propicia paz e tranquilidade interior, exatamente o que as pessoas estão buscando fora sem saber que já têm tudo que precisam dentro delas mesmas, porém como ninguém investe tempo em conhecer o seu potencial, acabamos comparando o tempo todo sem descobrir o que somos realmente capazes de ser/fazer.

Quando olhamos para dentro, nosso mundo se transforma e a cada dia precisamos entender que quanto mais nos conhecemos melhores somos a cada etapa, e se acreditamos/confiamos no processo, entendemos que estamos vivendo a fase certa para fazer o que nos foi confiado.

Por atender diversas pessoas de 4 a 80 anos, tenho observado que quando elas olham para um *assessment*, ou seja, um mapeamento de perfil comportamental, a primeira reação quando solicito a elas para lerem a parte textual e imaginarem se conhecem a pessoa que estão lendo ali, esses participantes ficam pasmos por descobrir que existe algo que parece imaginário ou mágico capaz de demonstrar os comportamentos pessoais com base em algoritmos.

Esse poder de ferramenta com uso da inteligência artificial será tão eficaz na próxima década que, ano a ano, ficaremos surpresos com o que seremos capazes de ver em nós mesmos.

Esse processo de descoberta é tão libertador que, assim que a maioria das pessoas termina a sessão de *coaching*, já me passa alguém em mente para realizar esse processo, como você deve estar agora, ao ler este parágrafo. Se você não fez nenhuma ferramenta e nem conhece algo acessível e transformador, volte ao topo deste artigo e entre em contato comigo.

— Mas de qual ferramenta você realmente está falando Marcelo?

— Não quero destacar nenhuma ferramenta específica, existem vários tipos de *assessment*, como destacado nos artigos deste livro, não existe um melhor que o outro, o importante é você identificar-se com algo que fará você fazer um processo que intitulo como TBC (tirar a bunda da cadeira) e correr atrás da vida que você realmente imagina.

Se você gostou da minha linguagem e forma de expor conhecimento, vou adorar mostrar a que mais gosto. Mas só fale comigo se quiser transformar sua vida, só quero pessoas dispostas a serem *high stakes*, que querem fazer apostas altas e transformar suas vidas de uma vez por todas.

Sabe aquela pessoa que mais desmotiva você? Infelizmente ela está mais perto do que você imagina, isso mesmo, tem gente que perde muito tempo sendo covarde e não tem coragem de assumir o controle da vida, pois não se conhece (ou melhor, finge que não quer ver). Se você não levantar agora e resolver avaliar onde está (seu ponto A) e imaginar/planejar seu ponto B, passará mais uma década e você olhará para trás e não terá noção do que poderia ter feito se não fosse o medo de tentar.

Se você convive com essas pessoas ("bola murcha") que Daniel Godri usa em seus exemplos, aquelas que colocam você para baixo, que até secam a samambaia, está na hora de se permitir a fazer um *upgrade*, mudar suas ações e pessoas com quem mais passa tempo.

E quando falo de tempo, você já começa mais um blá-blá-blá... "nunca tenho tempo", "o dia tinha que ter 30 horas" e mais chorumelas.... lembre-se de que você apenas não tem prioridade e está mentindo para si mesmo. Agora, ao ler este livro, gostaria de estar aí onde está? Ou mais uma vez você não tem coragem de ser autor da sua própria história e vai continuar vivendo essa vida medíocre escrita por outras pessoas.

Com o lema de Sheryl Sandberg, diretora de operações do Facebook, "Feito é melhor do que perfeito", aprendi muito na busca incansável pelo autoconhecimento. Acabava perdendo muito tempo tentando agradar a pessoas/processos e não conheci todo o meu potencial que estava inerente ao meu propósito.

Quando internalizei "Marcelo Costa, lembre-se: ninguém fará por você o que somente você pode fazer por você"... como atleta e na busca do autoconhecimento, todos os dias, essa frase me faz acordar com mais garra e vontade de vencer na vida.

Se você não tem uma frase âncora para ajudar a libertar essa voz imaginária, pare agora e crie alguma. Você sugerir mais uma: "Treino duro é prova fácil". Esse foi meu lema para terminar um *Iron Man*.

E se dos 1440 minutos que tem um dia você não gastar nem 10 minutos com a oração dos sábios (silêncio), em busca de autoconhecimento – nem nada, nenhuma ação e nem ninguém poderá fazer a diferença na sua vida. Meditação está em voga, mas ainda nem começou. Já é possível observar os benefícios científicos de quem gasta tempo consigo mesmo.

Mas Marcelo, você está falando muito blá-blá-blá... (qual a sua justificativa agora?), está se sentindo incomodado ao ler até agora? Acalme-se e respire fundo, esse é um excelente sinal, estamos evoluindo... É exatamente isso que quero provocar em você. Só não adianta esse incômodo ficar apenas por hoje e, quando terminar este livro, já esquecer do compromisso que fez/pensou agora. Meu grande objetivo é que você entenda que a responsabilidade é inteiramente sua... assuma a responsabilidade.

Quando você lê algo falando de autoconhecimento, com a voz (crítico interno), o que vem à sua cabeça?

Quero contribuir com o seu entendimento e, como neuropsicopedagogo, a cada dia fica mais claro para mim que quando eu tento mudar algo dentro de mim, nada contribui a favor, dói muito e fico justificando o tempo todo, uma força que não me permite sair de onde estou agora. O nome disso é crença. Sabe aquelas colocações infundadas e cheias de achismos que escutamos todos os dias? Disso que estou falando, como as que eu mais gosto: "leite com manga faz mal" e "quem estuda muito fica doido". A pior de todas é ouvir pessoas dizendo que quanto mais se conhecem, mais veem que não possuem nada que gostem em si, mais ou menos assim: "Tenho medo de ver quem realmente sou, pois se descobrir meu potencial, não teria desculpas para me esconder atrás dele".

Quando me pego trazendo esse pensamento socrático citado acima, só me reafirma que o processo do autoconhecimento é libertador e capaz de trazer o que você realmente busca hoje, sem saber que está buscando apenas o que Salomão pregava o tempo todo – Vaidade.

No Salmo 139, Davi enfatiza: "Senhor, tu me sondaste, e me conheces. Tu sabes o meu assentar e o meu levantar; de longe entendes o meu pensamento. Cercas o meu andar, e o meu deitar; e conheces todos os meus caminhos. Não havendo ainda palavra alguma na minha língua, eis que logo, ó Senhor, tudo conheces. Tu me cercaste por detrás e por diante, e puseste sobre mim a tua mão. Tal ciência é para mim maravilhosíssima; tão alta que não a posso atingir. Para onde me irei do teu espírito, ou para onde fugirei da tua face? Se subir ao céu, lá tu estás; se fizer no inferno a minha cama, eis que tu ali estás também. Se tomar as asas da alva, se habitar nas extremidades do mar, até ali a tua mão me guiará e a tua destra me susterá".

Quando olho isoladamente para essa parte nas escrituras, tenho convicção de que o olhar para dentro é o mesmo que o olhar para o Alto.

Não adianta frequentar uma religiosidade sem manter conexão com o Alto e com o interior, buscar o processo libertador de autoconhecimento também propiciará descobertas na sua vida espiritual, não estou falando de religião, mas sim de um processo de evolução espiritual.

Quando temos ferramentas capazes de esclarecer nossos pontos fortes/pontos a desenvolver e revisar como estamos atualmente, como se fosse uma fotografia do seu estado atual (o ponto A), temos a possibilidade novamente de fazer a expansão da consciência.

A análise de perfil propiciará uma descoberta interna tão fascinante que você terá a sensação da expressão "por que não vi isso antes?", mas diante dessa pergunta já quero salientar que tudo tem o seu tempo. Se somente agora você está descobrindo esse mundo, fique tranquilo, chegou no seu tempo. Saiba que, infelizmente, você não estava preparado para esse conhecimento, sendo que 80% das pessoas que lerão este livro não farão nada de diferente na vida delas. Você não será umas delas, será?

Se este artigo chegou agora para você, receba-o como um presente e inicie agora a busca do autoconhecimento. O universo conspira para aquilo que mais pensamos/sentimos com intensidade.

Tenho certeza de que Deus está convicto da parte Dele perante a sua vida, e se você não busca se conectar com seu interior, como irá se conectar com Ele?

Com o passar do tempo, ficou evidente para mim que existem dois tipos de ajuda que são possíveis com autoconhecimento: AUTOAJUDA (auto com U), ajuda interna, em que busca respostas em você, e "ALTOAJUDA" (alto com L), ajuda vertical, quando você busca respostas no Alto.

O autoconhecimento pode até custar caro, pois você terá que abrir mão de coisas confortáveis, se realmente estiver disposto a seguir seus objetivos. É chegada a hora de parar de viver de acordo com as expectativas dos outros e fazer o que realmente faz sentido para o seu propósito de vida.

Metaforicamente, cada pessoa tem uma lente interpretativa que é capaz de ver o mundo de acordo com o foco da sua lente, e o tempo todo cada um quer pegar sua lente (os óculos) e colocar nas outras pessoas como uma forma de repassar conhecimento, porém esse processo, o ato de repassar a lente, nada mais é do que a interpretação errada de cada um. Não seja responsável pelas ações que venderam por achismos ou crenças, liberte-se conhecendo até aonde você pode chegar.

O processo de autoconhecimento propicia tamanha liberdade que, se associado com a autorresponsabilidade (capacidade de responder aos estímulos próprios), mais autodisciplina (fazer o que tem de ser feito independentemente do que os outros pensem), aí sim você alcançará um estágio avançado chamado propósito.

Autoconhecimento + Autodisciplina + Autorresponsabilidade = PROPÓSITO.

A falta de autoconhecimento compromete sua vida, seus resultados, e inibe o processo de evolução da consciência.

Agora que você viu que existe um monte de ferramentas que podem contribuir com você, para que se liberte, basta resolver tomar uma decisão assertiva e fazer parte de uma constelação chamada autoconhecimento.

A escolha é sua. Lembre-se: cada um escolhe aonde quer chegar.

O meu desejo mais sincero é que este artigo possa contribuir para que se liberte de todas as crenças e todos os rótulos que colocaram em você.

> Nada dá errado para mim... se não deu certo é porque não era hora de avançar rumo ao meu propósito.
> Marcelo Costa

Referências
BÍBLIA ONLINE. *Salmo 139*. Disponível em: <https://www.bibliaonline.com.br/acf/sl/139>. Acesso em: 5 de fev. de 2020.
REIS, Tiago. *Efeito manada*. Disponível em: <https://www.sunoresearch.com.br/artigos/efeito-manada/>. Acesso em: 5 de fev. de 2020.
SBCOACHING. *Autoconhecimento*. Disponível em: <https://www.sbcoaching.com.br/blog/autoconhecimento>. Acesso em: 5 de fev. de 2020.

Capítulo 18

IncrivelMente, você no controle!

Marcia Paduan

Como seria se você pudesse controlar a própria mente? Este capítulo é dedicado a mostrar como é possível assumir o comando do leme de seu navio! Está insatisfeito com alguma área da sua vida? Este texto poderá revolucionar a sua história! Descubra o que faz você ser, fazer e ter os resultados de hoje! Se existe algo que não consegue mudar, este artigo oferece ferramentas poderosas para a mudança que tanto procurou.

Marcia Paduan

Master Coach em Inteligência Emocional pela Febracis/FCU (Florida Christian University – EUA), *personal & professional coach* pela Sociedade Brasileira de Coach, instituto reconhecido pela International Coaching Council – ICC, discente em Psicologia e Pós-Psicologia Positiva pela PUC-RS. Pós-graduação em Saúde Mental e outras formações: graduada em Administração e *Marketing*, MBA em *Marketing* e Publicidade; *Train the Trainer* com Blair Singer (Conselheiro de *Pai rico, pai pobre* a Robert Kiyosaki). Treinamento pela Robbins Madanes Coach Training – *The New Standard for Human Change*, participação em treinamentos diretamente com Tim Harv Eker – MMI, autor do livro *O segredo da mente milionária*, Programação Neurolinguística (PNL), Certificação Richard Bandler, Hipnose Clínica.

Contatos
www.marciapaduan.com.br
marciapaduan2008@hotmail.com
Instagram: marciapaduancoach
(19) 99327-1106

A origem

Quero compartilhar uma história que é imprescindível para tratar do assunto proposto neste capítulo, um tema que poderá revolucionar para sempre a sua vida, assim como revolucionou a minha. Um dia descobri que estava vivendo o filme *Matrix*, me imaginei vivendo o contexto do filme, se você ainda não conhece esse longa-metragem, assista, pois pode ajudar a ficar mais claro, e o convido para ler esta história que mostrará a origem onde tudo começou!

E vamos começar com... Era uma vez um ser com características incríveis, de um vencedor extraordinário, atributos como: coragem, fé, perseverança, determinação, ousadia, foco, constância, otimismo. Ele era empolgado, comprometido, criativo, motivado, entre outras virtudes; e participou de uma corrida em que literalmente a sua vida estava em jogo, com muitos perigos, uma corrida decisiva entre a vida e a morte.

São 300 milhões de participantes, este número é superior ao número de habitantes do Brasil, Argentina, Paraguai, Uruguai e Venezuela, todos juntos!

É uma corrida perigosa e decisiva, é dada a largada, todos saem correndo desesperadamente rumo à linha de chegada. Muitos, no decorrer do caminho, desistem, perdem a fé, foco, deixam de acreditar na sua capacidade, acham impossível, deixam de confiar em si e, então, se entregam ao cansaço, alguns, no início, ao ver a multidão e outros, aos poucos, e então no final dessa corrida, apenas um único sobrevivente, e todos os demais MORREM!

Essa história é o início da sua e da minha vida, essa é a origem de tudo e, como pode ver, as principais características de um vencedor, nascemos com elas! Começamos vencendo quase 300 milhões de concorrentes! Já pensou nisso?

A grande pergunta é o que acontece ou aconteceu com todas essas características de vencedor? Como perdemos? Como recuperar? Como controlar as emoções como o medo, que paralisa e causa a falta de autoconfiança?

Venha comigo, quero compartilhar com você tudo o que aprendi e mostrar como é possível reprogramar a mente, controlar as emoções e eliminar as limitações que impedem as realizações.

Como perdeu?

Inicia-se então uma nova etapa, após a grande corrida e a grande vitória, a conquista da vida! Chega o grande dia, agora somos parte de um mundo desconhecido. Colocamos toda atenção para aprender comportamentos indispensáveis para o desenvolvimento intelectual, físico, espiritual, dependendo de todos que estão a nossa volta para nosso desenvolvimento.

E então começamos a aprender vendo, ouvindo e sentindo tudo o que as outras pessoas fazem.

Repetindo comportamentos, falas, hábitos, emoções, coisas ruins, boas, aprendemos a gostar de algumas coisas e a não gostar de outras, preferências, estratégias para se proteger, ser amado e sentir-se seguro.

Dos 0 aos 8 anos de idade construímos as nossas convicções, todos passamos por esse processo, entretanto cada um de uma forma.

Por meio de sinapses neurais, criando uma programação, e essa programação define quem somos.

O desenvolvimento de uma criança envolve todas as informações ao seu redor, os cinco sentidos estão totalmente ligados à audição, visão, paladar, olfato e tato, além de todos os acontecimentos, experiências, pessoas, lugares e tantos outros fatores que compõem a construção de nossa realidade. Tudo o que vivenciamos, o que vemos, ouvimos, sentimos deixa marcas profundas e muitas carregamos conosco na vida adulta.

O monstro chamado medo começa a dominar e a colocar dúvidas, diálogos internos e pensamentos como: não sei, não posso, não consigo, será que vão gostar de mim, e se rirem de mim, e se não conseguir, sou burro mesmo, sou assim mesmo, não é para mim, eu não mereço; essas questões começam a dominar a mente e nos paralisam, sabemos o que fazer, como fazer e não conseguimos entrar em ação.

Tornam-se ordens em nossos sistemas de convicção, controlando nossas decisões e nos transformando em quem somos hoje.

Para criarmos uma convicção, buscamos referências e as fortalecemos, sejam boas ou ruins! E algo interessante quando não encontramos referências: nossa mente as cria!

E na medida que o tempo passa, deixamos de ser o que realmente "nascemos para ser" e nos moldamos e ficamos parecidos com os outros, gostamos de coisas que os outros gostam, fazemos coisas que os outros fazem, ou às vezes temos aversões de comportamentos de outros e nos tornamos extremistas, inflexíveis! Nossa e agora? Então acabou?! A melhor notícia de todas é que podemos mudar, podemos reprogramar a nossa mente! Tudo começa na mente! Não existe possibilidade de ter qualquer sentimento antes de pensar!! A mente é o instrumento que comanda tudo, acredite, é possível controlar a mente, apenas se precisa das ferramentas certas.

Entendendo o sistema para a mudança

Podemos mudar a nossa habilidade de organizar nossa comunicação e sistema neurológico (sistema nervoso) por meio do qual a experiência é recebida e processada com os cinco sentidos. Mudar a nossa comunicação verbal e não verbal por meio do qual cada representação neural é codificada e ordenada, recebendo um significado.

Saiba que existe uma intenção positiva em todos os comportamentos, não importa qual seja. O amor e a segurança são a base para o desenvolvimento emocional saudável de uma criança e quando há ausência de um ou mais desses valores, há grandes prejuízos na vida adulta! O sistema que leva ao comportamento é formado pelo seguinte fluxo:

Pensamento > Emoção > Sentimento > Convicção > Comportamento = Resultados (PESCOCOR).

Impossível ter emoções e sentimentos sem antes ter um pensamento! Faça um teste agora; pense em alguma situação que deixou você triste, traga essa cena para a sua mente e reviva novamente a situação e responda: como está se sentindo agora?

Agora respire profundamente e pense em um acontecimento muito feliz que você vivenciou, com alguém ou pessoas que você ama, e reviva em sua mente esse momento, pense nas risadas, abraços e beijos e em toda a felicidade. E agora, o que sente?

Por meio do pensamento é inevitável gerar emoção, um conjunto de respostas químicas e neurais baseado nas memórias emocionais e que pode surgir quando o cérebro recebe um estímulo externo (acabei de sugerir) ou uma autossugestão. Você pode pensar em algo e estimular suas próprias emoções. O sentimento é a resposta à emoção e diz respeito a como a pessoa se sente diante da emoção.

Antes de emocionar-nos, precisamos pensar em algo, gerando a emoção (positiva ou negativa), somos tomados por sentimentos, seja de felicidade ou não.

Após o sentimento, nasce a convicção, acreditar em uma verdade ou opinião firme a respeito de algo, com base em provas ou razões íntimas, ou como resultado de uma vivência, experiência, influência ou persuasão de outros.

Consequência é o comportamento à reação manifestada em presença de um estímulo, trazendo um resultado mediante ao comportamento manifestado.

É um ciclo:

Pensamentos > Emoções > Sentimentos > Convicções > Comportamentos = Resultados (PESCOCOR).

O segredo: aprenda como você se comporta!

Partiu mudanças

Existe um livro que é muito interessante, foi escrito 1000 a.C, é Provérbios 23:07, que diz: "Assim como você pensa na sua alma, assim você é!"

É exatamente isso! O que pensamos em nossa mente sobre como somos, é assim que sentimos, é assim que as pessoas nos veem.

Os nossos pensamentos moldam a nossa fisiologia, imagine a seguinte cena: uma pessoa deprimida, com olhar de cabeça erguida, posição ereta e firme, olha para você e diz com um leve sorriso no rosto: "Estou tão deprimida!"

Consegue imaginar essa imagem? Acredito que não!

Quando uma pessoa está deprimida, qual é a sua postura? Cabisbaixo, postura envergada, olhar triste, certo? Seus pensamentos acompanham a sua fisiologia.

Para partir para a mudança, o primeiro passo é autoconhecer-se!

Ligue-se aos seus pensamentos, emoções, sentimentos, convicções e comportamentos para começar as mudanças em sua vida, em qualquer área que você desejar ter novos resultados.

Então vamos começar a jornada juntos agora e trabalhar com o objetivo de reprogramar novas convicções, por meio de novos pensamentos e fortalecer os pontos fortes! Lembre-se, tudo o que precisa está dentro de você, apenas vamos trazer para cima o que foi soterrado pelas experiências e informações ruins e limitantes que o subconsciente guardou.

Responda escrevendo a resposta para a seguinte pergunta: como você está?

Imagine que encontrou alguém que confie muito em uma cafeteria e essa pessoa pergunta como você está e você abre o coração! Pois bem, vamos colocar em prática! Com toda a sinceridade, escreva agora em um papel como se sente, o que o incomoda, o que sente e pensa a respeito de quem é, está satisfeito com a sua vida?

Após escrever tudo, olhe, reflita o que escreveu e destaque o que escreveu sobre você e for negativo, exemplo; eu sou assim mesmo, eu não consigo, eu não posso mudar, sinto que não é pra mim etc... Isso mesmo, o primeiro passo é descobrir o que você PENSA ou fala sobre si e nem percebe, são "convicções" negativas. Esse primeiro exercício tem o objetivo de entender como essas convicções negativas estão controlando e impedindo você de agir.

O modo como decide se comportar e viver não é determinado pelo que a vida tem oferecido, mas sim pelo comportamento que você tem ao reagir, ou interpretar os acontecimentos.

Vamos ao exercício de reprogramação; escreva tudo o que identificou sobre o que pensa ou fala sobre você de forma negativa e escreva de forma positiva, por exemplo: eu sou flexível, eu sou inteligente, eu consigo, eu posso mudar, eu sou simpático, etc... Ao escrever sua lista, sempre inicie com "eu".

Leia esta lista nos primeiros sete dias olhando no espelho e nos seus olhos, repetindo com o máximo de convicção que puder. Acredite que nos primeiros dias você vai ouvir uma voz em sua mente: que mentira, bobagem, que palhaçada, enfim poderá ouvir muitas coisas para fazê-lo desistir do exercício! Lembre-se de que está gravando novas convicções em seu subconsciente, após os sete dias, pode manter a rotina verbalizando para você, por 30 dias ou mais, escolha um momento dentro de sua rotina diária.

Importante: preste atenção em que período do tempo são seus pensamentos, que estão provocando as suas dúvidas, se é do passado ou futuro!

Experimente esses exercícios, podem ser muito úteis e facilitar esta fase, podendo ser utilizados para qualquer pensamento que incomoda e paralisa.

Para um acontecimento ruim do passado que fica intenso, faça o seguinte: feche os olhos e coloque esta imagem que vem à sua mente em um telão e comece a ver essa imagem ficando distante, diminuindo e mais distante, até ela sumir! E caso essa imagem esteja acompanhada de voz, feche os olhos e imagine (visualize) em sua frente um rádio analógico com um botão e a opção *mute* em destaque, a(s) voz(es) saindo desse rádio, estenda a sua mão à sua frente, segure esse botão e gire para o *mute*, até que o som dessa(s) voz(es) suma(m) por completo! Viver no passado impede você de viver o presente e criar seu futuro, viver no passado leva à depressão.

Se essa imagem estiver no período do futuro, você pode estar sofrendo com ansiedade, algo que ainda nem aconteceu, por algo que imagina que possa acontecer, está impedindo você de viver e de entrar em ação para construir o futuro. Pode utilizar a mesma técnica da imagem e som, pois a mesma tem o objetivo de tirar a potência dos pensamentos e emoções, que trazem sentimentos e convicções negativas.

Não posso finalizar este capítulo sem falar de GRATIDÃO, que pode ajudar a obter mais pensamentos e emoções positivas para potencializar a sua mudança e proporcionar sentimentos e novas convicções saudáveis, levando a comportamentos construtivos e a resultados de vida de sucesso!

Todos os dias, ao final do dia, escreva três situações ou coisas que deram certo, que foram legais, que deixaram você feliz, como por exemplo: meu esposo enviou uma mensagem dizendo que me ama, almocei com a minha melhor amiga, cumpri a minha meta de caminhada, etc... Com esse exercício, você reforça as coisas boas que acontecem e fortalece a gratidão que já possui.

Lembre-se, você já possui tudo o que precisa para mudar os resultados de sua vida, controle a sua mente e conquiste o que quiser!

Referências
BANDLER, Richard; GRINDER, John. *Ressignificando: programação neurolinguística e transformação do significado.* Editora Summus, 1986.
CUDDY, Amy. *O poder da presença: como a linguagem corporal pode ajudar você a aumentar sua autoconfiança.* Editora Sextante, 2016.
EKER, T.Haver. *O segredo da mente milionária.* Editora Sextante, 2006.
GOLEMAN, Daniel. *Inteligência emocional: a teoria revolucionária que redefine o que é ser inteligente.* Editora Objetiva, 2012.
LOWE, Sharron. *Extraordinária mente: transforme a sua maneira de pensar e conquiste o sucesso profissional.* Editora Gente, 2015.
MOSS, Richard. *A mandala do ser: descobrindo o poder do agora.* Editora Qualitymark, 2015.
ROBBINS, Anthony. *Desperte seu gigante interior: como assumir o controle de tudo em sua vida.* Editora Best Seller, 2015.
SELIGMAN, Martin E.P, phD. *Florescer: uma nova compreensão sobre a natureza da felicidade e do bem-estar.* Editora Objetiva, 2011.

Capítulo 19

Construção de uma vida feliz e saudável

Mário Sato

Neste capítulo, uma família poderá aprender ferramentas necessárias e bons exemplos a serem seguidos para atingir o equilíbrio para uma felicidade plena, com várias referências da cultura japonesa. Toda formação humana na sua fase inicial passa pelo desenvolvimento físico, desde o nascimento até sua maturidade plena.

Mário Sato

Médico formado pela Faculdade de Medicina de Marília - FAMEMA-SP (1974), com 45 anos de formatura. Especializou-se em Cirurgia Geral no Hospital Municipal Souza Aguiar, Rio de Janeiro (1976). Gastroenterologia e Endoscopia Digestiva – FAMEMA (1981). Médico do Trabalho - Universidade Gama Filho (1976). Foi fundador da Associação Catarinense de Medicina do Trabalho (1980). Ex-Integrante das Comissões do Trabalho Rural da Associação Nacional de Medicina do Trabalho. Fundador da Aliança Cultural Brasil Japão de Joinville/SC (1993), e atual Presidente. Palestrante memorável com foco nos valores da Cultura Japonesa.

Contato
mariosato.com.br

Começo a relatar a minha formação, com descendência oriental, aprendi também a escola brasileira e a japonesa, minha formação brasileira, os valores apresentados a mim, desde o nascimento, na fase de adolescência e adulta. Nessas orientações, o primeiro grande passo é o autoconhecimento, sim, muita dedicação na escola desde a alfabetização e todos os degraus de uma escola pública. E na escola japonesa descobri a primeira chave do meu sucesso, que é a disciplina da escrita, enquanto a caligrafia portuguesa ensinava uma sequência com repetições para uma boa escrita, na japonesa a escrita é única, com um ritmo e sequência que não mudam, obrigando-nos a seguir uma regra de ouro que é a autodisciplina.

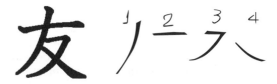

No desenvolvimento de modelos comportamentais, a prática da caligrafia já é uma oportunidade para soluções de muitos conflitos pessoais, analisando sua escrita, sua personalidade está impressa pela sua escrita. Assim, na minha formação e na convivência, nos vários momentos de desenvolvimento, um segundo passo que foi adotado, desde a tenra idade, a associação de cantarolar músicas da infância, cantigas de roda tão fáceis que motivam e inspiram nas atividades lúdicas da infância. Exemplificamos que numa aprendizagem de uma língua estrangeira, além do básico que qualquer ensino requer, a associação com músicas é muito importante para a memorização e sonorização da pronúncia aprendida, isso me faz lembrar de como aprendi a língua inglesa na escola que na época era denominada de segundo grau, e cantando as músicas da época e fazendo prática com a escrita, com intercâmbio com amigos de outros países. Na filatelia, trocava os selos brasileiros por carta com amigos estrangeiros. Ainda lembrando da caligrafia oriental, os conceitos milenares da escrita no Japão levaram à prática da escrita como uma arte denominada de "SHODO", onde a escrita que compõe de papel de arroz, pincel, tinta nanquim, com seus desenhos estruturais sempre numa sequência e caracteres variados, mostram, além da habilidade técnica, a leveza e a atitude mental de relaxamento, proporcionando belas escritas de um artista em todos os sentidos. Aqui na formação do estudante, o aprendizado do respeito às regras, seguindo uma disciplina da sequência, a mentalização da escrita, fatores fundamentais na formação do caráter da pessoa humana. Ainda durante o aprendizado lidamos com dobraduras de papéis, para construção de pássaros, flores, o denominado "*Origami*", cuja finalidade era de entender como colocar em uma outra dimensão os objetos. O terceiro passo, que é difundido e adotado por empresas multinacionais e nacionais, é o programa (5'S), com iniciais denominadas: *Seiri* (senso de utilização), *Seiton* (senso de arrumação), *Seiso* (senso da limpeza), *Seiketsu* (senso de saúde e limpeza) e *Shitsuke* (senso de autodisciplina). O Brasil realizou Copa do Mundo de Futebol (2014), onde viralizou nas mídias sociais e foi amplamente divulgado na imprensa o comportamento dos torcedores japoneses, que após o término dos jogos do Japão recolhiam o lixo das arquibancadas, uma explicação cultural e educacional. O povo japonês se sente responsável em manter limpo o ambiente, como eles encontraram quando chegaram ao estádio. Nas escolas, os alunos japoneses aprendem desde pequenos sobre a necessidade da limpeza dos sanitários nas escolas, como culturalmente a escola é vista como extensão de sua casa, portanto, tanto a higienização, arrumação e destino adequado dos lixos são ensinados e reforçados na escola, além do que já tiveram na sua formação familiar. O senso da utilização é fundamental na educação, pois aqui os alunos aprendem a necessidade da economia e evitar que os recursos materiais sejam desperdiçados. O senso da saúde também é desenvolvido, com uma boa alimentação, inclusive os lanches são embalados nas suas casas e com uma formação de que, além do sentido do sabor, são estimulados à visão com uma apresentação da alimentação, com várias cores e composição dos alimentos além do sabor – a apresentação visual estimularia a boa digestão. Como senso da disciplina, além do que já apresentamos pela caligrafia, o incentivo para respeito com o professor e com os colegas, aliado a um comportamento na apresentação com seu uniforme, com o devido asseio e valor na utilização do mesmo. Estudos científicos e estudos recentes da psicologia positiva, da Universidade de Harvard, mostram que nossos comportamentos são guiados por nossa mente com fortes pensamentos positivos. Esses reforços que recebemos na nossa infância, determinados por nossos pais antes da escolarização, são a base para nosso desenvolvimento futuro, portanto os três primeiros passos ligados à cultura de uma família japonesa, e em convivência com os da cultura brasileira, nos adaptaram para uma série de quebras de paradigmas que nos tornaram uma pessoa decidida e com bons propósitos de vida.

Como quarto passo para o desenvolvimento saudável, a prática de esportes coletivos, durante os períodos de férias escolares do segundo grau, na escola de língua japonesa, era utilizado nesse tempo para um encontro com as famílias dos alunos e para um congraçamento familiar, onde em um clube todos se reuniam, mas cada família, ao chegar no evento, passava a integrar outras equipes aleatórias a saber, recebiam uma fita de diferentes cores, portanto o pai recebia fita verde, a mãe fita amarela, os filhos azul, vermelho, rosa, etc., assim por diante, novas equipes, conforme as cores das fitas. As provas, portanto, eram divididas por categorias de faixa etárias diferentes, mas agora poderiam participar cada equipe nas suas cores respectivas, a premiação para os cinco primeiros colocados, e o restante recebia prêmios de consolação, que eram 2 lápis pretos, premiando a sua participação. Mais um grande ensinamento de integração para felicidade familiar e interação entre várias pessoas e premiação pela participação, esse congraçamento é denominado de "*Undokai*", ferramenta fundamental que seria um bom exemplo para melhorar o comportamento dos pais e família frente à escola pública. No quinto passo, que na atualidade somos constantemente exigidos com a demanda da utilização dos meios da *internet* e mídias sociais, que tentam substituir os professores, fato esse que nunca acontecerá; tenho boas recordações de minhas professoras, que deram as ferramentas necessárias, quando ainda nossa mente era vazia de conhecimentos, professora Ruth, com seu tradicionalíssimo giz de cera, nos ensinava, com simples questionamentos: *What is this?* (O que é isto?), ou a professora Ariostina, de Português, ensinava os adjetivos, substantivos, enfim colocaram nossa mente a um patamar de visionários, com esses conhecimentos que deram nosso propósito de vida, que, com valores para uma boa formação, apesar de ser uma família oriunda do Japão, e de preceito religioso do budismo, minha formação religiosa foi inteiramente católica apostólica romana, pela sabedoria de meus pais, você está no Brasil, e como a religião da maioria era católica, foi assim meu encaminhamento.

Já passamos para o sexto passo, no modelo de comportamentos educacionais, a religião vem agregar novos valores de respeito, honestidade e acreditar que nossa mente apoiada em um ser superior torna-se uma alavanca e apoio poderoso para esse crescimento individual e coletivo. Hoje, com a tecnologia e mídias sociais, o indivíduo é constantemente exposto a uma série de inverdades, ao praticarmos nossa fé, ouvir e ler a Bíblia, estamos nos imunizando, aprendendo a discernir a verdade das falsas realidades a que constantemente estamos expostos.

Um sétimo passo, novamente seguindo os valores da cultura oriental, é o que eles denominam de *"Ichigo-Ichie"*, é uma profunda reflexão de que o momento presente é único, não retornando mais, isto é, quando estamos estudando o ensino fundamental, e nas outras fases da escola, são momentos que os estudantes devem se concentrar e absorver esses conhecimentos, primeiro que nossa mente ainda comparada ao que a tecnologia computacional é um *hardware*, um depósito de memórias ainda não totalmente preenchido ou cheio, portanto, que não voltarão mais. No quinto passo, a valorização de nossas referências, que são os professores, quem deixou de se concentrar e absorver naqueles momentos únicos perdeu a oportunidade de aprendizado, que futuramente serão frustrações em momentos da vida, os quais exigirão esse conhecimento perdido. Na vida de um estudante, a aplicação e a motivação para o estudo e a aprendizagem, em todos os momentos dedicados a essa fase, são fatores fundamentais que impactarão no futuro e na vida profissional de suas vidas. As perdas dessa fase farão com que tenham reforços ou enfrentarão novos cursos para reposição, isto é, um retrabalho, haverá perda de tempo e a dificuldade no aprendizado, na vida adulta, torna-se mais difícil e haverá custos a serem despendidos, o que será mais um fator desmotivador.

A adolescência de hoje vive e assume tecnologias até dentro de casa. O que era reclusão passou a ser conexão com o mundo, pois o adolescente frequenta esquinas virtuais, jogando e conversando com amigos e estranhos do mundo inteiro.

Mário Sato

Sabemos, por estatísticas atuais, que as novas gerações têm pressa em crescer profissionalmente, pois encontram dificuldades com as burocracias e formalidades corporativas, isso aliado à não flexibilidade dos turnos e horários. Como exemplo, conto uma passagem de minha vida profissional, onde ingressando em uma grande empresa, já com 20 anos de experiência, esperei por três anos, ouvindo, conhecendo e entendo a filosofia dessa nova empresa, e, após esse tempo, cheguei ao grau máximo da carreira, atuando como coordenador de minha área. Desse episódio pontuo o ensinamento de muita paciência, tolerância e resiliência.

Como tenho mostrado todos os valores da cultura oriental, outro passo, o oitavo, é o denominado de *IKIGAI*. Sempre essa filosofia nos guiou, ter um propósito positivo da vida ao acordar. Procurei, além do que a cultura japonesa nos ensinava e da convivência social brasileira, aproveitei todas as atividades possíveis com o intuito sempre de aprender, assim como as novas regras e a interação com vários novos amigos. Nas férias, como morava em uma cidade de temperatura escaldante, a natação entrou na minha vida como um lazer, e mais amizades surgiram em minha vida. Portanto, esse grande ensinamento de começar pequeno o *Ikigai* traz com a sabedoria da prática a humildade. Com tantos desafios e novas tendências hoje, com muita energia e disposição, estamos cada vez mais dependentes da tecnologia, e com pouca motivação para ser pequenos (humildes), e buscar a libertação pelas boas atitudes e bons propósitos.

O progresso e o sucesso não são meras questões para fazer a coisa certa na hora certa, o importante não é somente agir quando a ação é inútil ou contraindicada, em particular, é melhor não usar compulsivamente seus pontos fortes, enquanto esses ainda forem imaturos ou não tiverem objetivos definidos.

Na fase de adulto, já com foco na área profissional de ciências da saúde, mais propriamente a Medicina, buscava uma realização para atender às necessidades das pessoas, sempre no trabalho da prevenção.

Em suma, passos que desenvolveram o equilíbrio para uma mente produtiva, eficaz, sem bloqueios e com propósito de vida bem definido, formando uma vida feliz e saudável.

Referências

ACHOR, Shawn. *O jeito Harvard de ser feliz*. Editora Saraiva, 2010.

ARANTES, Ferreira Eduardo. *Ciências da vida humana*. Editora-Arte Brasil, 2012.

CARVALHO, Pedro Carlos de. *O Programa 5'S e a qualidade total*. Editora Alínea, 2011.

CLEARY, Thomas. *O elemento humano*. Editora Ediouro,1996.

GARCIA, Hector; MIRALLES, Francesc. *Ichigo-Ichie*. Editora Sextante, 2019.

MOGI, Ken. *Ikigai*. Editora Astral Cultural, 2018.

SAITO, Cecília NorikoIto. *O Shodo, o corpo e os novos processos de significação*. Editora Annablume, 2004.

TIBA, Içami. *Adolescentes: quem ama, educa*. Editora Integrare, 2005.

UNTERMEYER, Louis. *Thomas Alva Edison*. Editora Fulgor, 2010.

Capítulo 20

O poder do autoconhecimento

Mariza Baumbach

Ansiedade, estresse, falta de inteligência emocional e cansaço mental são expressões cada vez mais comuns, deixando todos mergulhados em um mar sem soluções. Neste capítulo, vamos abordar como o autoconhecimento tem o poder de auxiliar cada ser humano a entender como ele lida com as questões da vida e como, a partir desse conhecimento, poderá respeitar a sua individualidade e a do seu próximo.

Mariza Baumbach

Pedagoga graduada pela UVA (Universidade Veiga de Almeida), com pós-graduação em Gestão do Trabalho Pedagógico pela UNIGRANRIO, *Coach* certificada pelo IBC (Instituto Brasileiro de Coaching). *Leadership and Coaching Certification* – Ohio University – EUA (especialização), Analista Comportamental especialista nas ferramentas *Coaching Assessment* – IBC, Análise 360º – IBC e Inventário de Valores C-VAT com aplicações em pessoas, equipes e organizações, *Leader Coach* – IBC, *Master Practitioner* em PNL – Instituto Daudt. Apresenta 30 anos de atuação no ensino fundamental público e privado e na gestão escolar. Ministra palestras, treinamentos e *workshops*. Acredita que é possível que pessoas, equipes e organizações possam ter um alto desempenho com base em conhecimento de seus valores, educação e treinamento.

Contatos
http://teste.cvatbrasil.com/marizabaumbach
marizabaumbach@gmail.com
LinkedIn: https://bit.ly/3cg7CZB
Facebook: @coachmarizabaumbach
Instagram: coach.marizabaumbach
WhatsApp: (21) 99754-8613

A expressão "o poder do autoconhecimento" tem sido muito comum nos últimos tempos, aplicada a inúmeros contextos, e por isso mesmo banalizada. Mas não é um assunto novo, ou até mesmo uma "modinha", como já foi abordado no livro *Mapeamento comportamental: métodos e aplicações*. A expressão "conhece-te a ti mesmo" de Sócrates nunca pareceu tão atual. E por que depois de tantos anos ainda parece uma novidade falar sobre o olhar que se deve ter sobre si mesmo? Quais as implicações de não termos evoluído nesse quesito? Esses questionamentos irão nos auxiliar a entender um pouco mais sobre o real poder do autoconhecimento.

Em primeiro lugar, precisamos entender o que de fato é autoconhecimento. A palavra autoconhecimento é formada por meio da junção de um prefixo (auto) com um substantivo (conhecimento). O prefixo auto tem origem na palavra grega *autós*, que tem por significado si mesmo, si próprio. Podemos concluir de forma muito simples que autoconhecimento é conhecer a si mesmo. O ato de olhar para dentro de si e identificar seus pontos de fortaleza e seus pontos fracos, ou podemos dizer aqueles que necessitam de uma atenção especial para serem melhorados. Além de identificar as habilidades, o seu potencial, sua motivação, mas também permitir que se percebam as limitações existentes.

Quando iniciamos a busca pelo autoconhecimento, a premissa é entender que somos únicos. Embora tenhamos características parecidas e até comportamentos similares, nós apresentamos reações diferentes às situações que ocorrem ao nosso redor, entendemos e sentimos de forma diferenciada os contextos vivenciados. Nós lidamos com questões da vida de outra maneira, mesmo inseridos na mesma cultura e criados debaixo das mesmas regras, apresentamos respostas diferentes, e é isso que nos torna tão especiais e complexos.

O autoconhecimento permite uma consciência ampliada de quem somos e, a partir dessa percepção, temos a possibilidade de transformar nossos caminhos, estabelecer uma relação interpessoal mais estável, auxiliar na compreensão dos erros e fracassos, apresentando uma possibilidade de superação, porque entendemos de onde vêm e como elas interferem em nossa rotina.

A necessidade do autoconhecimento na sociedade pós-moderna é tão veemente que a Base Nacional Curricular Comum (BNCC), que deverá estar implantada no território brasileiro até o início do ano letivo de 2020, tanto em escolas públicas como em particulares, aponta para esse caminho. Em uma das competências estabelecidas, os alunos precisam, até o final do ensino fundamental, ter desenvolvido o conhecimento de si mesmos, saber se apreciarem e cuidarem de sua saúde física e emocional, de forma que compreendam-se na diversidade humana e possam reconhecer suas emoções e as dos outros, com autocrítica e capacidade para lidar com elas. E as áreas com maior possibilidade de contribuição para que essa competência seja desenvolvida são as Ciências da Natureza, Ciências Humanas e as Linguagens. O BNCC aponta ainda que é necessário que os jovens desenvolvam a autoconsciência, autoestima, autoconfiança, equilíbrio emocional, cuidados com a saúde e desenvolvimento físico, atenção plena e capacidade de reflexão.

Com essa inclusão, fica veemente a necessidade de se explorar cada vez mais o autoconhecimento e todas as áreas que envolvem a inteligência emocional.

Ao analisar esse quesito, fiquei me perguntando por que a educação em geral, que sempre optou por um ensino mais acadêmico, começa a se preocupar também com aspectos emocionais. Estou na educação há 28 anos e é perceptível a instabilidade emocional de crianças e adolescentes, as famílias, em geral, não conseguem suprir esta demanda, pois também apresentam dificuldades em ter uma estabilidade emocional.

O Fórum Mundial Econômico, em 2019, apontou as dez habilidades que os trabalhadores precisam ter até 2020: resolução de problemas complexos; pensamento crítico; criatividade; gestão de pessoas; coordenação; inteligência emocional; capacidade de julgamento e de tomadas de decisão; orientação para servir; negociação e flexibilidade cognitiva. Quando me deparo com essas demandas, percebo nitidamente a necessidade do autoconhecimento, não só para quem está entrando no mercado de trabalho, mas para quem está tentando uma recolocação ou na manutenção do seu cargo. O desenvolvimento dessas habilidades não são, em sua maioria, técnicas. Elas apontam para capacidades únicas do ser humano, visto que as habilidades técnicas podem ser realizadas por máquinas ou inteligência artificial. As habilidades apontadas nesse fórum são ações que ainda não podem ser executadas por máquinas.

Olhando para o cenário, descrito anteriormente, relacionado ao mercado de trabalho, percebemos como o olhar para dentro de si, compreender suas ações e repensar suas práticas pode ser um ponto decisivo para estar inserido no mercado de trabalho.

A Organização Mundial da Saúde (OMS) publicou em 2017 um documento sobre as estatísticas dos distúrbios psiquiátricos no mundo e um dos transtornos mais citados é o de ansiedade, que atinge só no Brasil 18 milhões de pessoas, ou seja, 9,3% da população brasileira, o que nos coloca como o país mais ansioso do planeta.

Esses dados nos levam a perceber a instabilidade emocional instaurada e crescente, principalmente em nosso país. Muitos irão analisar questões ambientais, sociais e políticas, mas esse não é o objetivo aqui. Nosso propósito é pensar em como essas questões afetam o desenvolvimento emocional de cada indivíduo e como podemos propiciar situações para que cada ser humano tenha consciência de si mesmo e, assim, consiga estabelecer um equilíbrio emocional.

Quando compreendemos que o autoconhecimento leva a uma expansão da consciência, os benefícios ficam muito mais evidentes: reconhecer limitações e desenvolver estratégias para minimizá-las; identificar novas habilidades e possibilidades de desenvolver outras adormecidas; melhorar nossa capacidade de comunicação e, desse modo, as nossas relações interpessoais; auxiliar na tomada de decisões mais assertivas; conseguir lidar consigo mesmo entendendo seus comportamentos; com condições de entender o outro e saber lidar com ele.

Mas o autoconhecimento ainda é um superdesafio, e talvez seja, ouso dizer (seguindo o pensamento de uma amiga), o maior desafio do homem.

Na prática

Quero propor um exercício para você neste instante: pegue um espelho, ou mesmo utilize a câmera frontal do seu celular, e fique olhando para si mesmo por uns cinco minutos. Enquanto se olha, comece a identificar suas características físicas, depois

siga para as suas qualidades, suas principais habilidades, aponte os sentimentos que mais afloram em você, os comportamentos que se destacam, as formas como percebe o mundo.
Foi fácil?
Normalmente não é muito simples. É muito mais fácil olhar para o outro e identificar todas as questões comentadas, mas quando falamos de nós mesmos, até a nossa voz embarga. Não estamos acostumados, não só em olhar para nós mesmos e nos identificar, não temos o hábito de nos valorizar, de enxergar o que nos difere do outro e nos torna únicos e especiais. Eu sugiro que você repita esse exercício várias vezes ao longo da sua jornada.

Mas mesmo utilizando nossa imagem, olhando profundamente em nossos próprios olhos, ainda há aspectos que não conseguimos identificar.

Vamos aprofundar um pouco mais o nosso autoconhecimento, por meio de uma variação de um instrumento muito interessante: a Janela Johari. Ela foi criada pelos americanos Joseph Luft e Harry Inghan em torno de 1955 e o termo foi obtido a partir da aglutinação do nome dos dois pesquisadores. Sua utilização se dá normalmente para identificar como as pessoas se relacionam em determinado grupo. Mas também gosto de utilizar de forma individual e solicitar que alguém de sua confiança confirme o que foi descrito, além de acrescentar as suas percepções sobre você.

A Janela Johari é um quadro dividido em quatro partes, como podemos ver a seguir:

	2. Área cega	3. Área desconhecida
Interpessoal	1. Área aberta	4. Área fechada

Intrapessoal

Em nossas relações intra e interpessoais é importante ter clareza destas áreas:

1. **Área aberta** - refere-se aos comportamentos e sentimentos, positivos ou negativos, que são identificados por todos. Aquilo que eu sei e que todos sabem sobre mim;
2. **Área cega** - este espaço refere-se aos comportamentos, atitudes que todos veem que temos, mas nós mesmos ignoramos.
3. **Área desconhecida** - esta é uma área desconhecia por todos. Nem o indivíduo nem os outros conhecem possíveis potencialidades, talentos ou ainda os sentimentos mais profundos que estão bloqueados pelo inconsciente.
4. **Área fechada** - representa os aspectos dos quais temos consciência, mas omitimos aos outros.

Pegue um papel, desenhe o quadro e complete os quadros 1 e 4 com seus comportamentos e sentimentos. Desenhe outro quadro e peça a alguém de confiança para preencher os quadros 1 e 2. Compare as respostas completando a sua Janela Johari.

Essas atividades são muito práticas e permitem um início ao autoconhecimento. Mas olhando para a Janela Johari, vemos o quadrante 3 e ficamos intrigados com ele. O que será que essa área desconhecida nos revela? Ao realizar os exercícios práticos, você se questionou sobre o porquê de ter o comportamento que tem? Eu me questionei inúmeras vezes até compreender que meus comportamentos estão ligados aos meus valores e crenças.

Seguindo essa premissa, é possível afirmar que nos comportamos de acordo com aquilo que acreditamos fielmente, mesmo que de forma inconsciente. Entender quais os valores que permeiam nosso comportamento é um desafio e precisa ser confrontado com alguns princípios: o Princípio das Tensões, onde ao realizar uma escolha, abrimos mão de outro aspecto; o Princípio das Funções Universais, ou seja, aquele que aponta para as coisas que todos devem fazer, e o Princípio da Autorrevelação, que diz que nos revelamos quando somos obrigados a escolher entre valores contraditórios.

Os valores em que acredito que possamos identificar como norteadores do nosso comportamento são aqueles que estão ligados a como realizamos o trabalho – tarefa (observando trabalho duro, terminar tarefa, qualidade, tempo), como nos apresentamos nas relações pessoais (observando a empatia, afeto, sociabilidade, lealdade), como defendemos nossos interesses (por meio da dominância, status, negociação, liderança) e como organizamos o nosso pensamento estratégico (níveis de abstração, planejamento, exposição e flexibilidade).

Mapear esses valores não é algo para um exercício somente com lápis e papel, é necessária uma ferramenta mais elaborada e com validação científica. Faço um convite a você, para além de descobrir questões referentes ao quadrante da área desconhecida, entender o que faz com que você aja e reaja da forma como faz e assim mapear seu comportamento, identificando o seu Eu Único. Acesse o *link:* https://bit.ly/2F5TC4H, siga as instruções, aguarde meu contato e se descubra no Inventário de Valores C-Vat™.

Referências

BAUMBACH, Mariza. *Valores pessoais: a base do autoconhecimento.* In: ZANDONÁ, Rafael (org.). *Mapeamento comportamental: métodos e aplicações.* São Paulo: Literare Books International, 2019.

BIERNATH, André. Revista Saúde. *Transtorno de ansiedade: sem tempo para o agora.* Disponível em: <https://saude.abril.com.br/mente-saudavel/ansiedade-afeta-o-organismo-e-pode-paralisar-sua-vida/>. Acesso em: 30 de set. de 2019.

ESTADÃO CONTEÚDO. *Brasil é o país mais ansioso do mundo, segundo a OMS.* Disponível em: <https://exame.abril.com.br/ciencia/brasil-e-o-pais-mais-ansioso-do-mundo-segundo-a-oms/>. Acesso em: 30 de set. de 2019.

NELSON, Reed Elliot; GINES, Clóvis Soler. *Manual de formação de analista comportamental,* 2018.

PATI, CAMILA. Revista Exame. *Dez competências de que todo profissional vai precisar até 2020.* Disponível em: <https://exame.abril.com.br/carreira/10-competencias-que-todo-professional-vai-precisar-ate-2020/>. Acesso em: 30 de set. de 2019.

RICO, Rosi. Revista Nova Escola. *Competência 8: autoconhecimento e cuidado.* Disponível em: <https://novaescola.org.br/bncc/conteudo/12/competencia-8-autoconhecimento-e-autocuidado>. Acesso em: 30 de set. de 2019.

Capítulo 21

Como usar seu valor e realizar seu propósito

Rafael Zandoná

Você sabia que o ambiente em que está lendo este capítulo pode influenciar no seu dia? Aqui, utilizo uma parte da Programação Neurolinguística para explicar como você pode alinhar-se aos sete níveis da pirâmide neurológica, passando ponto a ponto para ter uma reflexão de sua vida hoje, chegar aonde quer com muito mais força e foco descobrindo o seu verdadeiro propósito.

Rafael Zandoná

Inspirado por seu potencial em desenvolver as pessoas, deixou de lado a engenharia para dedicar-se ao desenvolvimento humano. Com foco em Líderes, o *Coaching* alavancou o seu potencial, e o seu amor pela profissão resultou em participar de dois livros: *Ferramentas de coaching* e *Comportamentos humanos*, com os capítulos *Perdas e ganhos* e *O executor na análise comportamental*. Após as duas participações, desenvolveu o livro *Mapeamento comportamental*, que se tornou *best-seller* no dia do lançamento. Formado em *Coaching, Leader Coach*, Pessoal e Profissional, PNL e Hipnose pelo Instituto Coaching SP e Analista Comportamental com certificação internacional Solides (Harvard), USP e UFMG, que validam no Brasil. Alavancagem empresarial (Dr. Vendas). *Leader Coaching* e Gigante das Plateias. Fez SENAI (CAI) e programador CNC, Alavancagem Tecnológica, Administração de Equipes no SEBRAE. Atua como líder e é responsável pelo desenvolvimento de projetos, melhorias, *setup* e processos de Gestão em Produção desde 2009.

Contatos
rafaellzandona@gmail.com
Instagram: rafa_zandona
(11) 99811-7974

Um dos grandes impulsos para uma vida extraordinária tem sido a Programação Neurolinguística, um dos fatores primordiais das pessoas de sucesso no mundo, grandes líderes utilizam técnicas poderosas todos os dias para se manter no sucesso atingido, e aqui você aprenderá como alinhar os sete principais níveis para conseguir seu legado e sentir-se honrado pelos seus feitos.

A maioria das pessoas conhece apenas 30% das capacidades que citarei aqui, isso é como comparar a um *iceberg*, apenas o que está para fora da água denominamos de conhecimento sobre nós mesmos, os outros 70% que estão por baixo da água completam o nosso eu, tornando quem somos totalmente diferentes de qualquer outra pessoa, e isso determina se seremos bem-sucedidos ou não em nossa jornada de vida.

A base para a evolução do ser humano segue uma hierarquia das necessidades humanas de Maslow, onde toda sua jornada passa por sete estágios que Robert Dilts denominou de Pirâmide de Níveis Neurológicos, e segundo uma frase de Albert Einstein: "Não se consegue resolver um problema no mesmo nível em que foi criado. É necessário subir a um nível mais alto". Por meio dos passos que nós damos, começamos a crescer e evoluir.

Utilizando essa frase de Einstein, vou citar os sete níveis evolutivos, começando da base até o topo de forma ordenada, para um melhor entendimento. Pegue uma folha ou um caderno e caneta para anotar algumas dicas e *insights* ao longo da leitura.

Nível 1 - Ambiente

Todo lugar que você frequenta denominado como um ambiente, podendo ser casa, escola, faculdade, trabalho, cidade e país, entre outros. O ambiente leva em consideração, além do lugar, as pessoas envolvidas, e nesse ambiente podemos manifestar comportamentos, conhecimentos, crenças e identidade. Para entender melhor, faça a pergunta: "O que influencia cada ambiente na sua vida? Onde aconteceu algo importante?" E para mudar isso precisamos ir ao nível acima.

No primeiro nível, ou seja, da superficialidade, a atitude fundamental é a mudança. Uma mudança mais profunda só acontecerá se mudarmos o ambiente interno. O ambiente envolve as condições nos quais os nossos comportamentos acontecem. Responda às perguntas "quando?", "onde?", "como aconteceu?", "qual o melhor lugar para estar em determinada situação?". Cada ambiente vai fazer você ter um comportamento diferente, até as roupas que você usa podem mudar de acordo com a influência de cada ambiente, é importante poder organizar os locais que mais incomodam e deixá-los de forma harmônica, e assim entramos no segundo nível, Comportamento.

Nível 2 - Comportamento

Esse nível, muitos consideram ser o mais superficial da comunicação, por acontecer conforme agimos e reagimos a cada ambiente citado no nível anterior, e pode ocorrer de não gostar de determinados lugares ou pessoas, e até mesmo criar medos. Essas ações identificam quem nós somos tanto em conduta profissional ou pessoal. É fácil ouvir falar que alguém agiu por impulso ou você mesmo dizer isso, e na realidade somente reagimos por impulso por estarmos reagindo ao ambiente, à pessoa ou à determinada ação ocorrida, ao contrário, quando estamos em níveis acima do comportamento, conseguimos agir, pois isso requer analisar o contexto e agir de forma coerente. É muito importante entender se estamos agindo conscientemente ou reagindo inconscientemente, se é por iniciativa própria ou impulso, isso irá determinar o quanto precisamos evoluir nesse nível antes de passar ao próximo, para não ficarmos reféns dos impulsos comportamentais, e é essa impressão que vamos passar para as pessoas ao redor.

Nível 3 - Conhecimento

Esse nível introduz especificamente três coisas, nossas capacidades, habilidades e competências, representando potenciais dons e talentos. Esse nível é essencial para nos dar um grande norte e boas estratégias quando já estamos com os dois níveis anteriores aprimorados, tendo em consideração tanto o planejamento mental quanto a execução física. A pergunta para se fazer nesse nível é: "O que eu sei?". Para determinar seu conhecimento, ao falar em capacidades e habilidades, mostre o que você "sabe fazer" e quando "fazer muito bem" entra em suas competências.

Temos que entender aqui que capacidade e habilidade estão além do conhecimento, podendo ter o conhecimento e não saber o que fazer com ele ou como passar a alguém. Nesse nível que as empresas contratam, e pelo nível anterior que elas demitem, ou seja, se você não alinhar o nível de conhecimento para agir com o comportamento adequado, nunca terá sucesso profissional na sua vida e com isso se sentirá uma pessoa fracassada, mesmo tendo muito conhecimento.

Nível 4 - Crenças, Valores e Sonhos

Esse nível faz o anterior caminhar para o sucesso ou a mediocridade, a partir daqui você começa a entender o que é verdadeiro, aonde quer chegar e o que realmente é importante para a sua vida, é um nível que depende muito mais da sua experiência de vida que do seu próprio conhecimento. Para você entender melhor, vou explicar o que significa cada um dos três começando pelas crenças. Crença é toda verdade absoluta que está dentro do seu cérebro desde o momento em que nasceu, a maior parte das suas crenças foram instaladas do zero até seus 12 anos, e você vem ressignificando-as até hoje, o que fortalece mais ainda essas crenças são os seus valores, desde os mais profundos aos mais rasos, os valores são coisas das quais você não abre mão por nada, e se algo ou alguém ir contra seus princípios e valores, você lutará até o fim para defendê-los. E, por fim, os sonhos são seus desejos, por mais simples que sejam, um sonho não pode ser ignorado ou menosprezado, cada sonho tem um valor inquestionável ao ser realizado, por mais que uma pessoa tenha um sonho de comprar uma casa, o valor da casa não apaga a satisfação de ter aquela casa e ter realizado um desejo. Uma vez que você acredite não ser capaz de realizar algo, é bem provável que tenha total razão e realmente não consiga realizar, mas em vez disso, se pensar que vai conseguir, e fortalecer os pensamentos positivos, vai conseguir chegar e conquistar, importante mencionar também que as pessoas com quem convive tornam você mais confiante ou menos confiante para realizar, não como uma regra, mas a maioria das pessoas tem sonhos em comum com quem elas andam, e isso as torna semelhantes. O mais importante em atingir esse nível é se questionar o que você acredita verdadeiramente e o que realmente é importante para si, ao fazer isso, começará a alinhar os três níveis anteriores, facilitando a busca por seus sonhos e objetivos de vida. Então, Rafael, é difícil mudar uma crença?

Em alguns casos, sim, e em outros, nem tanto, mas é possível mudar uma crença com o trabalho certo de Programação Neurolinguística, existem três tipos de crenças relacionados. A crença profunda, na qual só se consegue ter acesso por meio de sessões de psicologia ou hipnose, a crença intermediária, que muitas vezes uma boa reflexão pode motivar a mudá-la, e a crença rasa, que numa simples conversa você pode ressignificá-la e tomar as devidas decisões.

Nível 5 - Identidade

Esse nível é aquele que as pessoas têm mais dificuldade de entender, peço a você que pause a leitura e responda a esta pergunta antes de continuar: quem é você? Permita-se refletir por até cinco minutos e responda tudo o que vier à sua cabeça.

Ao refletir sobre a sua identidade, pode começar a ressignificar a sua vida, entendendo as escolhas que fizeram você chegar até aqui, honrando e respeitando tudo o que você fez. Nesse nível ocorre a mistura de todas as crenças e valores que você tem junto aos papéis sociais, e como se posiciona no mundo, definindo o motivo de sua existência e o quanto você é importante e único, o primeiro passo para o relacionamento é saber a sua identidade. Entendendo que a própria Bíblia descreve no segundo mandamento, "amarás o teu próximo como a ti mesmo" (Marcos 12:31), não tem como oferecer algo que não tenha dentro de você, e tudo que você acredita ser faz parte de quem é, tornando sua identidade verdadeira. De todos os níveis, esse também é o mais libertador, as maiores transformações, conscientes e inconscientes, acontecem nesse nível, a vida começa a ganhar novo sentido, mais força e brilho ao entender a sua identidade. E você somente pode ter total conhecimento sobre o nível comportamental ao entender a sua identidade, pois ela define quem você é e seus comportamentos definem como as pessoas o veem.

Nível 6 - Pertencimento

Esse nível é iniciado no seu nascimento, acrescentado cada vez mais por pessoas e lugares nos quais você se sente extremamente bem em estar perto. O que move esse nível é a conexão que você tem com o ambiente, com algo ou alguém muito importante para você, podendo fazer que algumas crenças fiquem fortalecidas tanto positivamente quanto negativamente. A grande vantagem desse nível é você poder escolher onde quer se relacionar e frequentar, após entender sua identidade, você facilmente começará a identificar melhor os ambientes e seus grupos de relacionamento. A grande pergunta que você deve fazer nesse nível é: eu me sinto importante e sinto que sou importante para os outros? Ao responder essa pergunta, você pode ressignificar seu verdadeiro eu conforme seu propósito de vida, esse nível faz com que muitas pessoas se afastem de nós e nós delas, pois estão em outro patamar de pertencimento, colocando outras prioridades à frente, e isso envolve também amigos, colegas e os próprios familiares. Às vezes é preciso assumir um papel mais firme e deixar certa pessoa ir embora para você crescer.

Nível 7 - Legado

Esse nível é o mais fascinador para ser atingido, não somente por ser o último, mas sim por ele falar da sua missão e propósito de vida, trazendo também um âmbito de espiritualidade ao atingi-lo. Representando o que temos de melhor e mais grandioso para demonstrar aos outros, o legado diz muito da profundidade da nossa existência no mundo, e como podemos ser vistos de uma forma memorável. Esse nível mostra como nossos problemas se tornam pequenos e quanto eles atrapalham nosso crescimento, pensando como a humanidade, o que você pode fazer para ser melhor, tendo mais autoestima, sentindo uma felicidade maior do que o normal, e ainda você faz a perguntas: o que vou deixar para eles? Como vão se lembrar de mim? Para buscar as respostas dessas perguntas, você precisa olhar todos os níveis e perceber que ficam pequenos e se interligam de forma contínua.

Olhando esses níveis como uma pirâmide de cima para baixo, e começar a refletir principalmente os níveis da base dessa pirâmide, você começa a alinhar todos os níveis em seus devidos lugares. Importante entender que, ao alinhar todos como uma pirâmide, você estará muito próximo de ter um grande propósito de vida e uma grande missão, antes de ler a próxima parte, que lhe pergunto: aonde você quer chegar? O que hoje impede você de realizar isso?

Agora que entendeu um pouco sobre os sete níveis, proponho a você uma meditação em pé e de olhos fechados, seguindo estes passos:

Inicie respirando tranquilamente, sinta o ar entrando, dê uma pausa e sinta o ar saindo do seu pulmão, faça isso quatro vezes e inicie esta sequência.

No primeiro nível, eu peço que incline sua cabeça para baixo e veja os ambientes os quais você frequenta, permita-se ver todos que já passou, como são, as cores, os sons neles, o sentimento que você tem por eles e reflita sobre todos neste momento.

Ainda de olhos fechados, peço agora que incline a cabeça para trás e comece a ver seus comportamentos em cada um desses ambientes, como agiu, como reagiu. O que fez você ter cada atitude nesses ambientes?

Agora coloque suas mãos próximas do seu rosto, abra os olhos e responda. Quais suas capacidades? Suas habilidades? O que faz você destacar-se nesses ambientes e tornar-se competente?

Feche novamente os olhos, incline a cabeça para frente e responda: quais são seus valores? Suas crenças é que movem você e fazem ir mais longe? O que faz você acreditar que é capaz de realizar?

Olhe para dentro e veja quem é você verdadeiramente. Sabendo como pode fazer, suas limitações e suas forças, olhe bem no fundo e mostre esse diamante que você está escondendo de você mesmo, permita que ele saia e mostre seu verdadeiro eu.

De olhos fechados ainda, peço a você para girar a cabeça para os lados e ver quem são as pessoas que estão ao seu lado. O que elas dizem a você para motivá-lo? Existe um mentor para impulsionar você a ir adiante? Sinta a força que essas pessoas e o ambiente dão neste momento.

E assim, peço que incline sua cabeça para cima e permita-se olhar para o seu propósito, sua missão de vida e aonde quer chegar. Veja o legado que você poderá deixar ao realizar seu propósito, como as pessoas vão vê-lo? Como quer ser lembrado?

E agora, ainda nesse nível de legado, olhe o alinhamento de todos os níveis de acordo com seu propósito e trace esse caminho rumo à vitória, seja o protagonista e comemore muito, você é capaz, você merece e muito.

Capítulo 22

Agora sei meu perfil... "E daí?"

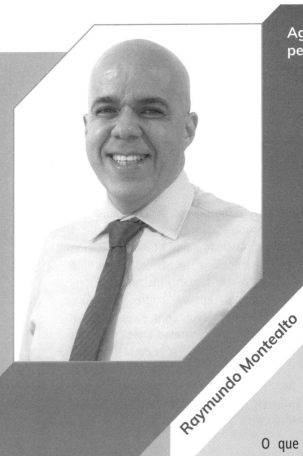

Raymundo Montealto

O que você deve fazer com o resultado da análise comportamental? O ser humano busca entender seus comportamentos para melhorar seus resultados. Faz testes para mapear seus comportamentos. Entretanto, quando recebe o resultado do teste, pode não saber o que fazer para melhorar. O Plano Pleno Comportamental é a solução plena para o dilema sobre o que fazer com o resultado da sua análise comportamental.

Raymundo Montealto

Escritor, palestrante, infoprodutor, *coach*, compositor, *copywriter* e empresário. Odontólogo com especialização em Ortodontia. Analista comportamental, treinador de inteligência emocional, *master coach* em inteligência emocional, *business coach*, instrutor de ioga, Mestre de Reiki, hipnoterapeuta, *master practitioner* em PNL, *internet marketer*, idealizador e realizador do Market Odonto, o primeiro congresso *online* de *marketing* em odontologia do Brasil. Criador do Método RelP – Consciência e Inteligência Relacional Plena. CEO da AMESCIN – American Society of Conciousness and Intelligence. Cursando pós-graduação em Neurociência e Comportamento.

Contatos
http://www.amescin.com
amescin@amescin.com
(11) 99159-6575

O que você deve fazer com o resultado da sua análise comportamental? Quando você chega à conclusão de um teste para analisar seu perfil comportamental, fica a questão: devo me conformar com o resultado? Devo aceitar que sou assim e não posso mudar? Devo usar esse resultado para me tornar uma pessoa melhor? E, se for o caso, como posso usar o resultado do teste para ajudar no meu processo de autoconstrução?

Desde os primórdios, o ser humano tem buscado entender melhor seus comportamentos para que possa aperfeiçoá-los e, assim, tirar o melhor desses comportamentos e alcançar seus melhores resultados na vida.

Para isso, diversos filósofos e estudiosos têm criado diversas formas para analisar e catalogar os perfis comportamentais dos seres humanos, afinal somos todos diferentes e somos todos iguais também.

Existem análises que oferecem a possibilidade de muitos resultados, algumas chegando a 16 perfis, outras a nove perfis e outras a quatro. Essas análises com muitos resultados são muito acuradas e minuciosas e têm um valor altíssimo. Entretanto, sua aplicação fica muito restrita a especialistas e se torna um pouco complicada na vida diária.

As análises que consideram quatro perfis comportamentais humanos são mais simplistas, porém são de mais fácil entendimento e muito mais fácil aplicação rotineira. E mesmo que considerem apenas quatro perfis, acabam se multiplicando pelas combinações entre eles, assim têm uma margem de acerto muito grande, com muita facilidade toda pessoa consegue identificar-se com os resultados, reconhecendo facilmente seus pontos fortes e aqueles que precisam ser desenvolvidos.

Vivemos um período em que a busca pelo autoconhecimento e pelo autoaperfeiçoamento está se popularizando cada vez mais. As pessoas estão insatisfeitas com seus resultados na vida e não entendem seus próprios comportamentos, por isso procuram fazer testes para mapeamento comportamental de forma que possam identificar sua maneira de agir e compreender melhor os resultados que estão conseguindo na vida, entretanto, quando recebem o resultado do teste, podem não saber o que fazer para melhorar.

Quando você está de posse do resultado do seu teste de perfil comportamental, existem algumas opções para você.

A primeira opção eu chamo de otimizar, que é focar nas características dos perfis em que você é melhor, procurar desenvolver mais ainda aquilo que você já tem de bom e que tem mais facilidade e identificação.

A segunda opção eu chamo de equilibrar, que é focar em desenvolver características nas quais você é deficiente, desenvolver aquilo em que você tem mais dificuldade e assim procurar equilibrar mais seus comportamentos e resultados.

A terceira opção eu chamo de ser total, que é você ter a coragem e a disposição para realizar ao mesmo tempo as duas. É você dedicar-se a otimizar o que já é bom e desenvolver aquilo em que você não tem tanta facilidade. Nessa opção, a meta é o desenvolvimento total do seu ser.

Eu também fico em dúvida se procuro investir mais nas características comportamentais que já possuo (e assim correr o risco de piorar as características negativas) ou se procuro desenvolver características que não possuo e que fazem muita falta no meu dia a dia (e assim correr o risco de jogar meu tempo fora, tentando desenvolver características nas quais nunca serei brilhante).

Quando penso em fazer a opção da totalidade, me vem o receio de ser uma tarefa grande demais e eu acabar não conseguindo realizar.

Você, leitor, que está se fazendo a mesma pergunta, precisa tomar essa difícil decisão, se vai investir primeiro naquilo que já tem facilidade (e manter certas deficiências) ou se vai escolher investir em melhorar naquilo que tem muita dificuldade.

Esse dilema não é só nosso, ele é fruto de uma dúvida humana antiga: melhorar aquilo em que já é bom e assumir o risco de perpetuar certas deficiências ou procurar melhorar aquilo em que tem muita dificuldade, tentando equilibrar seus comportamentos e resultados e correr o risco de nunca conseguir se sair bem nessas novas habilidades que tenta desenvolver.

Não há uma resposta universal para essa questão. Vai depender do momento de vida de cada pessoa, da situação que está passando, aonde planeja chegar na vida, de como planeja realizar a jornada até seu destino determinado.

Uma das opções é fazer primeiro o que é mais difícil, isto é, procurar investir e desenvolver as qualidades que lhe faltam. Dessa forma, posteriormente será mais fácil otimizar as características que você já possui e com as quais terá mais facilidade. Isto é, você começa pelo mais difícil e depois parte para o mais fácil.

Outra opção é investir em ser cada vez melhor naquilo em que já é bom, que vai conseguir aperfeiçoar com mais facilidade e conseguirá atingir resultados maiores e melhores mais rapidamente. Posteriormente, você pode procurar adquirir certas características nas quais é deficiente hoje.

Pode ser que nessa opção você acabe abrindo mão de desenvolver as características que não possui e aceite essas deficiências como algo com que terá que conviver a vida toda.

E existe ainda uma terceira possibilidade, que é você realizar essas duas estratégias juntas, ao mesmo tempo. Você vai procurar estudar, treinar, se preparar para ser cada vez melhor naquilo que já é bom, naquilo que já tem facilidade, buscando atingir o estado de maestria nessas habilidades. E, ao mesmo tempo, vai procurar desenvolver-se naquilo em que tem dificuldade, estudando e trabalhando para superar as deficiências que possui em certas áreas, criando a possibilidade de vir a ser bom em habilidades que jamais tinha chegado a pensar que seria capaz um dia.

A solução desse dilema comportamental inicia-se pela observação.

É você procurar enxergar sua situação de vida atual. Depois desse primeiro passo, você deve definir aonde deseja chegar. Em seguida, você precisa planejar como deseja realizar o percurso da situação atual até seu destino determinado.

Tendo tudo isso definido, é a hora de você determinar as competências de que vai precisar para realizar esta jornada. Então, é hora de comparar as competências necessárias com as competências que você já tem e com as competências que lhe faltam.

Finalmente, você define o que é mais vantajoso: otimizar o que já tem ou aperfeiçoar o que lhe falta.

O mais importante é que você consiga enxergar-se com as suas metas conquistadas, enxergar-se com seus sonhos realizados, e consiga enxergar essa conquista tendo sido executada da forma que deixe você mais feliz.

É tudo uma questão de aonde e como você deseja chegar e do preço que está disposto a pagar.

O dilema entre otimizar, equilibrar e ser total é uma questão que não tem uma solução universal. A solução deve ser construída por cada pessoa de acordo com seu momento, sua situação, seu destino, sua jornada escolhida e sua disposição.

Para tomar a decisão sobre o que fazer, após estar de posse do resultado da sua análise de perfil comportamental, você pode usar o seguinte critério. Se suas características negativas estão influenciando os seus resultados, se elas estão afetando negativamente a sua produtividade, interferindo na sua capacidade de ser a sua melhor versão, então, nesse caso, você deve focar em primeiro superar essas características negativas. Agora, se suas características negativas não chegam a afetar seu desempenho nem seus resultados, você deve focar primeiro em ser ainda melhor naquilo que já é bom.

O ser humano pleno seria aquele que tem todas as caraterísticas positivas dos quatro perfis, algo que ainda não foi encontrado, algo utópico. Entretanto, para a realização bem-sucedida de todo projeto grandioso, todas as características positivas dos quatro perfis são necessárias.

Pensando em como atingir essa meta, de ter o melhor dos quatro perfis em todos os projetos, foi que eu criei o Plano Pleno Comportamental P-APEC ou P-CEDI.

Tendo definido sua meta, seu objetivo, você terá que passar para a fase de planejamento de como vai realizar essa meta. Então, você vai elencar todas as características positivas de cada perfil DISC e selecionar aquelas que serão usadas no seu projeto. Você faz isso na seguinte ordem:

1. Analista/conformidade
2. Planejador/estabilidade
3. Executor/dominância
4. Comunicador/influência

Você deve construir o Quadrante do Planejamento Comportamental na ordem dada acima e ir colocando nele tudo o que vai precisar de cada perfil, independentemente se você possui as características ou não. Simplesmente anote tudo de que precisará.

Depois de concluída essa fase, você passa a analisar para definir o que você vai fazer e o que você vai delegar. Você define o que você sabe fazer e o que não sabe fazer. E dentro de cada uma dessas categorias você define o que você quer fazer e o que não quer fazer.

Para ficar mais fácil de compreender, vamos exemplificar a aplicação prática do Plano Pleno Comportamental P-APEC.

Plano pleno comportamental - Quadrante I

Analista	Planejador
Alto padrão de qualidade Cuidadoso Conclusivo Sistemático Pensa objetivamente Preciso Opinião equilibrada Firme Faz boas perguntas Melhoria contínua	Leal Confiável Paciente Conclusivo Grande ouvinte Estável Servidor Calmo Apaziguador Parte da equipe
Executor	**Comunicador**
Líder Pioneiro Energético Determinado Competitivo Responsável Rápido Exigente Superador Corajoso Vence desafios	Entusiasmado Otimista Político Eloquente Persuasivo Caloroso Convincente Atencioso Confiável Sociável Humor

Plano pleno comportamental - Quadrante II

	Sei fazer	Não sei fazer
Quero fazer	VOU FAZER	VOU APRENDER
Não quero fazer	ENSINAR E DELEGAR	CONTRATAR ESPECIALISTA

Você deve preencher o Quadrante II por perfil. Pode fazer um desenho por perfil ou colocar a inicial do perfil antes da competência. A ordem no quadrante I pode ser alterada conforme a necessidade ou percepção e compreensão. A descrita é a mais lógica. Mas a análise pode ser refeita durante a execução. E o planejamento pode ser revisado com a execução adiantada.

A ordem entre executar e comunicar pode ser alterada. Na maioria das vezes, devemos fazer e depois falar. Sair falando o que vai fazer pode construir imagem de fanfarrão, se você conseguir concluir o que falou que faria. Ou, pode construir imagem de fraqueza, caso não realize o que falou.

Falar sobre suas realizações atrai a atenção dos *haters* e invejosos, que vão jogar energia negativa e torcer para dar errado, só para terem o prazer de dizer: "Eu falei... eu já sabia!" Portanto, é melhor fazer primeiro e falar depois.

Há projetos que devem ser comunicados antes de executados. Em certos projetos *online* faz-se a divulgação e as vendas e, só depois, a execução.

No Quadrante II você vai fazer o que já sabe fazer e vai aprender o que quer fazer, mas não sabe. Vai ensinar o que tem conhecimento e competência para fazer, mas não tem vontade, e vai contratar pessoas competentes para tomar conta das tarefas que não sabe fazer e nem tem interesse.

Essas divisões estão abertas a personalizações. Pode ser que você queira fazer algo que não sabe, mas também não esteja disposto ou não tenha tempo para passar pela curva de aprendizagem. Nesse caso, vai ter que delegar isso que queria fazer.

Outra possibilidade é que você não esteja disposto a ensinar algo que domina, mas não quer fazer. Pode ser que não queira esperar a pessoa passar pela curva de aprendizado. Assim, pode monitorar ou contratar especialista.

As variações são aceitas e podem ser realizadas de acordo com os desejos e necessidades de cada um.

Com a ferramenta P-APEC você garante a execução de forma plena, cobrindo todas as competências, quer você realize, quer delegue.

Há a necessidade de monitorar o que for delegado, mesmo o que você não entende. Ter que prestar contas faz com que o responsável se dedique mais e execute com o máximo empenho e presteza. O monitoramento é fundamental para o aprimoramento.

O Plano Pleno Comportamental é a solução plena para o dilema sobre o que fazer com o resultado da sua análise comportamental.

Capítulo 23

Cultura e gestão: como liderar com o auxílio do mapeamento comportamental

Ricardo G. Bortoli & Roberta Guatelli

Mais do que uma ferramenta de recrutamento e seleção, ou uma ação do RH na gestão de pessoas, podemos e devemos utilizar o mapeamento comportamental como um importante instrumento na condução da cultura e até mesmo dos processos sob nossa gestão. Neste artigo, oferecemos um pouco de nossa experiência para apresentar dicas sobre como utilizar o mapeamento comportamental para liderar equipes.

Ricardo G. Bortoli & Roberta Guatelli

Graduados em Administração, Ricardo e Roberta trabalham juntos desde 2005. Ricardo é pós-graduado em Gestão Empresarial com ênfase em *Marketing* e RH e também em A Moderna Educação – PUC-RS, além de MBA em Gerenciamento de Projetos – FGV. Estudou Psicologia Organizacional e cursa Filosofia e Autoconhecimento Pessoal e Profissional – PUC-RS. Roberta possui MBA em Gestão de Pessoas e Educação Corporativa e atualmente cursa MBA em Liderança, Inovação e Gestão 3.0 – PUC-RS. Atualmente, ambos são colunistas de negócios e carreiras e também sócios em uma empresa de consultoria e treinamento, atuando em todo o país.

Contatos
www.cadencbr.com
ricardo.bortoli@cadencbr.com
roberta.guatelli@cadencbr.com
Ricardo: (14) 99810-9160
Roberta: (14) 99749-4044

Certa vez, sentados em uma praça de alimentação, local que já fora uma praça com belos jardins, e outrora uma ágora, cinco amigos discutiam sobre uma citação que encontraram por acaso em um guia ilustrativo de filosofia, com lindas imagens e um bonito resumo das principais reflexões de nossa existência.

Eram por volta das 18h30 e o debate, regado por chope a 50% e uma porção de torresmo, seguia acalorado naquela hora feliz, os cinco amigos opinavam sobre a frase: "Ações humanas nunca podem ser explicadas pela razão, mas são inspiradas pelos sentimentos", de autoria do filósofo britânico David Hume.

— Ora, indagou Sigmund, as experiências religiosas, assim como os sonhos, são alucinações que temos. Da mesma forma, podemos esperar que todas as nossas crenças envolvam intensa emoção, não se relacionando de nenhum modo particular com a percepção, mas sim com nossos desejos profundos.

Abraham, simpático como de costume, ouvindo as ponderações do colega, pôs-se a completar: — Isso aí, alemão, eu concordo contigo. Contudo, vejo essa questão de desejo de uma forma um pouco mais simples. Os desejos das pessoas surgem diante das necessidades que elas possuem, algumas são físicas, outras psicológicas, mas são elas que determinam suas escolhas e comportamentos. Não é uma visão tão profunda como a sua, capaz de explicar um monte dessas "doidices" nossas, mas acho que é bem prática.

Sigmund, com aquele olhar analítico, fitou o bigode grosso de Abraham tentando descobrir o motivo da simpatia, ou se de fato o colega estava sendo simpático, mas não conseguiu concluir sua análise, pois se deu conta de que John, que eles chamavam de Mill da Britânica, estava argumentando: — A felicidade é o único fim da ação humana, ninguém faz nada se não for para poder ser feliz. Inclusive, vocês machistas que nem deixaram as meninas virem com a gente, não podem nem falar de ação ou comportamento, se sujeitam elas a atividades onde não podem expressar quem de fato são, ou mostrar do que são capazes.

Carl, que já teve alguns desafetos com Sigmund, nem queria estar ali, mas receando que se não fosse ao *happy* os demais iriam aproveitar para criticá-lo, foi e não pensou duas vezes para retrucar a crítica de John: – "Pera lá", machista não! Infelizmente as pessoas transformam arquétipos em estereótipos, e aí generalizam tudo. Essa sua história de bem e mal não é bem assim. Todo mundo tem traços que podem ser bons ou ruins de acordo com o seu conjunto de imagens psíquicas presentes no inconsciente coletivo, e isso, apesar de genético, independe de gênero.

Daniel, sentindo que o clima estava ficando um tanto quanto tenso, tentou mudar o foco e voltar para a questão inicial: – Calma, meu povo, isso aqui "tá" parecendo discussão política. "Ô Bigode", pede outra porção de torresmo para matar minha necessidade fisiológica, bate uma foto "pra" gente postar no Insta e atender a nossa necessidade social e de autoestima, e se liga nessa ideia que tive.

Daniel então se empolga e segue roubando a atenção da mesa com uma visão um pouco mais moderna do que a dos colegas: – E se a gente considerar que nós pensamos de duas formas diferentes? Uma que é rápida, automática e, sim, inspiradas pelos sentimentos, como disse David Hume, e uma outra que é mais devagar, que é consciente e racional. Eu não estou falando daquela ideia de lado direito do cérebro, responsável pela emoção, arte e abstrato, e lado esquerdo, por cálculo, raciocínio lógico e concreto. Estou falando que se agimos rapidamente, somos motivados por impulsos um tanto quanto instintivos e, portanto, pode-se até dizer de certa forma irracionais. Pois as decisões surgem no subconsciente que o alemão aqui adora analisar. Mas por outro lado, se pensarmos de forma mais lenta, teremos tempo para processar melhor as informações de nossa memória e as percepções do momento, e então agir ou tomar decisões exercitando nossa consciência.

Um breve silêncio se instaura enquanto todos se entreolham, até que o garçom chega com a porção de torresmo, e Daniel o indaga buscando auxílio para sustentar sua tese: – "Amigô", responde uma coisa aqui "pra" gente, você acha que o ser humano pode agir instintivamente, movido pela emoção, quase que de forma irracional como os animais, e ao mesmo tempo exercitar sua inteligência por meio da consciência e da linguagem?

O garçom, então, já acostumado com essa filosofia de boteco, não estranha a pergunta e responde "na lata": – Claro! Não tem um monte de religião por aí que fala de vida após a morte? Eu acredito que seja possível porque a mente é uma substância pensante, e o corpo físico um outro tipo de substância. Portanto, não duvido nada dessa dualidade que fala.

Os cinco amigos se olham novamente, Daniel então se gaba: — Aí, "tá" vendo? Até o cara que pegou o bonde andando sabe que eu tenho razão.

Enquanto todos riem demonstrando que o clima na mesa voltou a ser amigável, Abraham se dirige ao garçom: — Rapaz, depois dessa, melhor você trazer a conta, aliás, como é seu nome mesmo, companheiro? O garçom, solícito, responde: — É René, quer que traga a maquininha?

Os cinco amigos então foram para casa, mas não sem notar uma plaquinha na saída que dizia: "Todo homem por natureza deseja o saber – Aristóteles".

É provável que você tenha notado que o texto fictício que acabou de ler faz referência a alguns autores, como: Sigmund Freud, Abraham Maslow, John Stuart Mill, Carl Gustav Jung, Daniel Kahneman e René Descartes. Nós utilizamos essa ficção, cheia de referências e linguagem informal, para contextualizar de forma literária os conceitos que fundamentam boa parte das dicas que iremos sugerir.

Há várias perspectivas e valores que uma empresa, por meio de seus líderes, precisa considerar para definir suas estratégias e conduzir suas rotinas. Todos os principais modelos de gestão utilizados atualmente se dedicam a cuidar dessas perspectivas e propósitos. Aqui, nós podemos citar as quatro perspectivas do Balanced Scorecard, o HPO SCORES®, o "Círculo Dourado" de Simon Sinek, entre outros.

Todo esse aparato de modelos e estratégias gerenciais, associado ao expressivo dinamismo do mercado, acaba por exigir que os líderes saibam transitar entre gerir a cultura organizacional e gerir os processos críticos do negócio. Contudo, circulando por empresas em diversos estados brasileiros, entendemos que algumas ferramentas e conceitos, apesar de bastantes difundidos, não são utilizados em profundidade e com frequência.

Na nossa visão, é o caso do mapeamento comportamental, que apesar de bastante difundido em Recursos Humanos, principalmente nos processos seletivos, não é utilizado com a amplitude de benefícios que pode oferecer. Isso porque notamos que muitos líderes não estão preparados para dar sequência ao trabalho que o RH inicia.

Sendo o DISC uma das principais ferramentas de análise comportamental, nós atestamos suas contribuições para o R&S,

formando equipes com determinados perfis, proporcionando melhor adaptabilidade à função, e até mais realização profissional por parte do colaborador.

No entanto, depois que a equipe é formada, boa parte dos líderes não sabe ou não utiliza o mapeamento comportamental feito pelo RH para conduzir os processos da companhia, manutenir a cultura organizacional e até solucionar conflitos. Por isso, nós compilamos algumas dicas que podem auxiliar os líderes a fazer gestão da cultura e dos processos, tendo o mapeamento comportamental como suporte, são elas:

Conheça as variáveis de cada perfil: o líder precisa identificar as emoções, vocações, foco, habilidades, estrutura e estilo de cada perfil, para poder utilizá-las na condução de sua equipe. Ao entender o que cada uma dessas variáveis representa no comportamento de sua equipe, o líder pode arquitetar melhores estratégias na gestão de pessoas.

Associe o perfil comportamental com liderança situacional: a liderança situacional determina que o estilo de liderança seja escolhido de acordo com o perfil do liderado. Ao classificar então o liderado entre capaz e incapaz, e seguro e inseguro, o líder pode utilizar o mapeamento comportamental para, ao escolher qual estilo adotar, melhor ajustar sua conduta na condução de cada membro de sua equipe.

Saiba qual comportamento corresponde ao perfil principal e qual tem origem no perfil adaptativo: em resumo, o perfil adaptativo representa comportamentos adotados frente a determinados ambientes, como resposta para atender às demandas ou expectativas desses ambientes. Pode acontecer de o líder acreditar que o comportamento de um colaborador faz parte de seu perfil predominante e continuar exigindo ou incentivando tal comportamento, até que de repente se depare com um pedido de demissão desse colaborador, dizendo estar cansado de agir como pede o ambiente, mas diferente de sua essência e aspirações.

Crie rituais para exercitar a cultura e a identidade: uma boa estratégia para fazer gestão da cultura organizacional é a criação de rituais onde as equipes possam realizar ações que expressem a identidade e a cultura que se deseja fortalecer, e o uso do mapeamento comportamental mais uma vez pode oferecer suporte ao líder. Por exemplo: o líder pode selecionar um grupo de influentes para organizar um evento para os aniversariantes do mês, ou realizar a integração de novos colaboradores, ou ainda delegar aos dominantes a organização de uma reunião semanal de resultados.

Esses rituais, por mais simples e rotineiros que sejam, são excelentes oportunidades para exercitar a cultura e a identidade da empresa.

Considere o perfil de cada colaborador na elaboração de programas de treinamentos e na produção de *feedbacks*: ao direcionar um colaborador para um determinado programa de treinamento, visando desenvolver uma competência, é preciso considerar o quanto a competência em questão é estranha ou familiar ao perfil do colaborador para projetar a metodologia a ser utilizada, o período necessário para desenvolvimento dessa competência, e até como conquistar o engajamento do colaborador para com os resultados esperados pelo treinamento. Da mesma forma, as avaliações de desempenho e os *feedbacks* oferecidos aos colaboradores devem considerar se o perfil comportamental do colaborador é favorável às atividades desempenhadas por ele para, então, não só produzir *feedbacks* mais assertivos, como também auxiliar o colaborador a utilizar esse *feedback* para ajustar sua conduta e se desenvolver enquanto obtém melhores resultados.

Explore os pontos positivos e neutralize os pontos limitantes: evite esforços tentando desenvolver habilidades que determinados perfis não possuem, pois já diz o ditado: "Não há treinamento que dê jeito em uma má contratação". Se você contrata um dominante para atender às reclamações dos clientes, ao longo do tempo o risco de ele desenvolver estresse e discutir com um cliente mais irritado é grande, não adianta passar horas em uma sala com esse colaborador treinando inteligência emocional. Ao invés disso, não coloque pessoas em funções cujos pontos limitantes do seu perfil possa ser um problema. Se você tem alguém na equipe com perfil fora de contexto, realoque.

Explore a ambição e considere os objetivos e valores pessoais para proporcionar o desenvolvimento dos colaboradores: a obra de Maslow sobre as necessidades humanas, representadas pela pirâmide sugere que à medida que uma necessidade é atendida, há uma tendência natural de que as pessoas busquem satisfazer a necessidade do próximo nível na pirâmide. Se o líder entende isso, ele pode analisar o perfil comportamental de cada membro de sua equipe para identificar a busca e a motivação de cada um e relacioná-la com as necessidades humanas para, por meio dessas aspirações, criar um plano de desenvolvimento que brilhe aos olhos dos colaboradores não só pela ascensão que podem conquistar, mas também pela possibilidade de exercitar seus valores pessoais.

Obviamente, essas não são regras únicas e definitivas. Acreditamos que nem o Dr. William Moulton Marston tinha tal prepotência quando formulou os estudos que originaram o DISC. Os arquétipos de Carl Gustav Jung, por exemplo, entre outros, também podem ser utilizados. Contudo, independentemente da metodologia, o importante é que o líder saiba relacionar seus resultados com outros trabalhos e teorias, para que o fruto desse diálogo entre autores seja uma interpretação mais completa e, assim, o mapeamento realizado tenha impactos positivos muito mais expressivos e frequentes.

Nós já associamos testes como o DISC, a Janela Johari e as 16 Personalidades, para realização do mapeamento comportamental em clientes, e na hora de proferir o resultado de nossa análise, consideramos os três resultados para orientar os líderes e o RH, na condução de um *feedback* muito mais assertivo aos colaboradores. Cabe então a você fazer essa leitura de várias obras e ferramentas para possibilitar maior profundidade e êxito no uso de mapeamento comportamental para melhor gerenciar a cultura e os processos de sua empresa.

Referências

BLANCHARD, K. *Liderança de alto nível: como criar e liderar organizações de alto desempenho*. Porto Alegre: Bookman, 2011.

CURY, Augusto. *O código da inteligência - inteligência socioemocional aplicada: a formação de mentes brilhantes e a busca pela excelência emocional e profissional*. Rio de Janeiro: Sextante, 2015.

GOLEMAN, Daniel. *Inteligência emocional - a teoria revolucionária que redefine o que é ser inteligente*. 2.ed. Rio de Janeiro: Objetiva, 2012.

HERRERO FILHO, E. *Balanced scorecard e a gestão estratégica: uma abordagem prática*. Rio de Janeiro: Elsevier, 2005.

JOHANN, S. L. *Gestão da cultura corporativa: como as organizações de alto desempenho gerenciam sua cultura organizacional*. 3.ed. São Paulo: Saraiva, 2006.

JUNG, C. G. *Arquétipos e o inconsciente coletivo*. Tradução de Maria Luíza Appy e Dora Mariana R. Ferreira da Silva. Petrópolis: Vozes, 2000.

KAHNEMAN, D. *Rápido e devagar - duas formas de pensar*. 1.ed. Rio de Janeiro: Objetiva, 2012.

LAW, S. *Guia ilustrado Zahar - Filosofia*. 2.ed. Rio de Janeiro: Zahar, 2008.

MASLOW, A. H. *Maslow no gerenciamento*. Tradução de Eliana Casquilho. Rio de Janeiro: QualityMark, 2000.

ZILIO, D. *A natureza comportamental da mente: behaviorismo radical e filosofia da mente*. São Paulo: Cultura Acadêmica, 2010. 294 p.

Capítulo 24

Mapeamento comportamental nas investigações corporativas

Rochelle Aweida Veras

Cada vez fica mais clara a importância das investigações no mundo corporativo, principalmente quando observamos que as empresas estão mais preocupadas com o comportamento ético de seus colaboradores. Neste texto busco relatar, brevemente, minha experiência na utilização de análise comportamental e como ela auxilia na condução dos processos e tomada de decisão da empresa ao final da investigação.

Rochelle Aweida Veras

Advogada associada à Ordem dos Advogados do Brasil (OAB-SP), com habilitação ativa junto ao órgão. É uma profissional com experiência em auditoria interna e investigações corporativas, com foco em fraude interna/externa, suborno, desvio de ativos e corrupção. Vem atuando há 14 anos em diversos segmentos, como mercado financeiro, varejo, seguros e consultoria, entre outros, lidando com auditoria de processos, investigação, prevenção e constatação de fraudes, mapeamento de processos, realização de testes de aderência, avaliação de procedimentos e outras atividades. Atuação em empresas como Votorantim Finanças, ICTS, Coca-Cola Femsa, BB Mapfre e Embraer, entre outras. Atuou na área trabalhista e sindical da Votorantim Finanças, sendo responsável pelas demandas dos setores de Recursos Humanos e Jurídico, atendendo a todas as empresas da *holding* no que se referia ao Jurídico Contencioso e Consultivo Trabalhista, com foco nas avaliações e aplicações de medidas disciplinares, na análise de casos de investigações e seu respectivo tratamento jurídico, na análise das demandas sindicais e no acompanhamento de fiscalizações realizadas pelos órgãos competentes. Pós-graduada em Direito Penal, Direito do Trabalho. Formada em Psicanálise Clínica.

Contatos
rochelleveras@hotmail.com
(11) 94885-7006

Há muito se utiliza o estudo do mapeamento comportamental de indivíduos para norteamento de suspeitos em investigações policiais, assim como diversas técnicas são utilizadas para que durante um interrogatório um suspeito confesse a autoria de crime, indique novos fatos, para perceber discursos falsos etc.

Até mesmo na mídia, em seriados e filmes, constantemente vemos a utilização de técnicas de comportamento, inclusive repassando dicas baseadas em estudos científicos. Difícil não encontrar uma pessoa que não se lembre da série *Lie to me*, que utilizava estudo de Paul Ekman, que muito auxilia aqueles que desejam se debruçar sobre microexpressões faciais, emoções e detecção de possíveis indícios de mentiras nos discursos de indivíduos.

Este é um breve exemplo de como é possível traçar um perfil que facilite o trabalho de investigadores, e até mesmo de entrevistadores, na investigação de candidatos, consumidores e/ou casos de fraudes.

Sabe-se que as agências de propaganda e publicidade analisam o perfil e o comportamento do consumidor para que a propaganda atinja um público maior e a venda do produto aumente consideravelmente.

Assim como as empresas, há muito tempo, dispõem de diversos testes direcionados a determinar se o perfil do candidato seria o mais adequado.

A princípio, eram utilizados testes técnicos, que verificavam se o candidato apresentava competência e conhecimentos sobre a rotina das atividades designadas.

Porém, com o tempo, foi-se percebendo que o candidato é contratado por ser tecnicamente capaz de realizar o trabalho, mas questões pessoais e comportamentais o levavam à demissão. Portanto, iniciou-se um processo de implementação de testes psicológicos (nem todos aprovados pelo Conselho Regional de Psicologia) que determinam o perfil pessoal do candidato.

Muitos testes aplicados pela área de Recursos Humanos são classificados como pesquisas comportamentais. Ou seja, eles analisam, por meio de respostas verbais e escritas, os comportamentos mais prováveis das situações diárias.

Quanto mais alto o escalão do executivo, mais a organização se atenta e se cerca de garantias para que o perfil comportamental do candidato se adeque aos valores da corporação, como integridade, proatividade, foco em clientes.

Depois da fase de testes, é feita uma entrevista pessoal, baseada em uma técnica chamada Entrevista por Competência.

Essa técnica permite que o entrevistador elabore perguntas baseadas nas competências comportamentais que são necessárias para o cargo e, por meio das respostas do candidato, analisa quando aquelas competências foram aplicadas e se as consequências foram satisfatórias.

Entretanto, no caso de investigações corporativas, algumas questões devem ser observadas: seria possível aplicar o mapeamento comportamental? Isso é realmente importante? Fará diferença nos resultados das investigações?

A título de exemplo, sabe-se que as companhias têm se conscientizado e se preocupado com o comportamento ético de seus colaboradores, assim como desvios de processos internos, valores e condutas.

Tal processo já ocorre em outros países e, no Brasil, vem se firmando ainda mais desde o surgimento da Lei Anticorrupção.

Além de que, com a legislação anticorrupção e a responsabilização tanto da companhia como de pessoas físicas, o investimento na detecção e prevenção de fraudes internas/externas e casos de corrupção se faz extremamente necessária uma célula dentro da empresa que avalie condutas e processos para se resguardar de casos de corrupção.

Na minha avaliação profissional, fica claro que não é possível se basear somente no *modus operandi* de um caso investigado, é necessário entender qual o contexto em que os indivíduos investigados estão inseridos, seja pelo aspecto profissional e pessoal.

Avaliando as teorias existentes quanto à prática de desvios dentro de instituições, dois aspectos são relevantes para a nossa avaliação neste texto, considerados os pilares nos casos de desvio e prática de conduta delituosa, sendo eles: racionalização e pressão.

No primeiro caso, seria a forma como o colaborador se convence, racionalmente, dos motivos para a prática dessa conduta, como por exemplo "eu trouxe muito dinheiro para a empresa e não ganhei nada em troca" ou "meu filho está doente e eu preciso desse dinheiro". No caso da pressão, ao praticar tal conduta o colaborador sente uma certa imposição pessoal para justificar sua ação.

Refletindo sobre tais pilares, cada vez mais o conhecimento em perfis e levantamento de informações é importante para os investigadores corporativos. Dessa forma, se entende a motivação de um colaborador para praticar o ato ilícito e, inclusive, pode ser utilizado na realização de entrevistas a fim de obter mais detalhes do ato praticado.

Ao participar de uma investigação corporativa, foi analisado o histórico de vida de um determinado colaborador, com o qual foi possível notar que os desvios se iniciaram no mesmo momento em que a sua esposa foi demitida e estava grávida. Outra questão era seu salário extremamente baixo e, evidentemente, que sua esposa, por estar gestante, não conseguiu se empregar. Tais episódios influenciaram no comportamento ético do colaborador, que utilizou a fragilidade de controles da empresa para desviar valores por anos.

Outra questão observada foi que o colaborador dificilmente gozava de férias – sendo indício de que o colaborador poderia cometer ato ilícito. Uma vez que nos casos de desvios em empresas dificilmente o colaborador se ausenta, pois assim não corre o risco de ser flagrado por seus atos.

Importante citar, também, que no início essa pessoa desviava pequenos valores e, ao perceber que a companhia não detectava, foi aumentando gradativamente.

Essa é uma característica que ocorre nos casos de fraude, o indivíduo pratica o primeiro desvio e espera para perceber se terá alguma repercussão. Quando percebe que não foi detectado, torna-se mais ambicioso e começa a praticar com mais frequência. Quanto mais repete o ato, torna-se cada vez mais descuidado, o que ajuda os investigadores a detectarem o caso – isso se daria porque as pessoas tornam-se mais confiantes em suas atitudes e acreditam que não serão flagradas cometendo tais atos.

Ao se montar um perfil, entende-se a personalidade do investigado, sua motivação para a prática do desvio, suas paixões, o que tem importância em sua vida, inclusive na fase final da investigação, a entrevista, tais levantamentos auxiliarão na obtenção de informações relevantes e uma possível confissão.

Logicamente que essa será apenas uma parte no processo investigativo, mas de suma importância para a metodologia. Em outra investigação, verificou-se que o colaborador tinha o sonho de residir em uma chácara, e parte dos valores desviados da empresa eram utilizados na construção dessa chácara e, ainda, sua grande paixão era seu filho.

Após todo o processo de investigação, na entrevista foram citadas informações pessoais (uma técnica), aleatoriamente, sobre os sonhos do entrevistado e paixões – relevante mencionar que tal técnica foi utilizada por profissionais treinados e capacitados que possuem sutileza, empatia e respeito pelo entrevistado. Os entrevistadores sabem que estão lidando com outro ser humano e que a entrevista deve ser realizada de forma a elucidar o caso ou pontos incongruentes, sem a finalidade de ameaçar e/ou expor os entrevistados.

Tal técnica foi aplicada para desestruturar o comportamento do entrevistado, fazendo com que se sentisse fragilizado e perdesse suas defesas e, diante do posterior confronto, seu comportamento acabasse sendo de colaboração. Esse caso teve grande êxito na entrevista, pois conhecendo o perfil comportamental pessoal foi possível sua confissão, bem como o relato de todo o mecanismo da fraude, inclusive a delação de outro participante.

Diante de tudo o que foi relatado, nota-se também a importância de os gestores observarem no dia a dia o comportamento de seus colaboradores e, assim, auxiliarem a área de investigação.

Há um caso em que o gestor percebeu efetivas mudanças no comportamento de um colaborador, como seu modo de se vestir, aumento de consumo, além da alta utilização de celular em horário de trabalho e, quando o gestor se aproximava, o colaborador desligava. À vista disso, acionou a área de investigação, que constatou o desvio de alto valor da companhia.

A referida empresa tinha por hábito o treinamento de gestores, bem como da área comercial, tendo por objetivo demonstrar a importância da conduta ética: observar comportamentos que poderiam demonstrar desvios, entre outros, a fim de, inclusive, criar um vínculo entre departamentos.

Faz-se necessário que as empresas entendam a importância de terem bons investigadores a fim de obter resultados positivos e comprovados em suas apurações. E que os profissionais investigativos não se limitem apenas a observar e analisar processos e desvios, mas que caminhem além da simples investigação, para a inclusão do mapeamento comportamental, uma vez que essa análise muito auxilia a empresa em sua tomada de decisão.

Finalizando, com um caso no qual toda a investigação realizada continha evidências e indícios de autoria de um colaborador, porém em entrevista o colaborador negou sua participação de forma superficial e suspeita. Posteriormente, tal colaborador optou por entregar uma carta à empresa, na qual ao informar que não cometeu a fraude, ele escreveu que cometeu a fraude, deixando indícios de que poderia tratar-se de ato falho.

De forma simplista, o ato falho, segundo Sigmund Freud, é provocado por dois fatores: um sintoma decorrente do consciente do sujeito e o conteúdo reprimido, ou seja, o que aquele indivíduo não quer entrar em contato. No caso mencionado, o conteúdo reprimido é o "cometi a fraude" e o conteúdo consciente é "eles não podem saber o que eu fiz, portanto, eu não cometi fraude". Como resultado dessas duas polaridades, o colaborador acabou escrevendo o que estava reprimido e assumiu a culpa.

Interessante ressaltar que um ato isolado não comprova seu envolvimento, por isso deve se observar sempre todas as evidências dentro desse contexto.

Constatando-se a importância da análise comportamental, visto que trata-se de uma técnica investigativa existente que auxilia consideravelmente na compreensão dos casos em análise, há de se considerar também que o bom investigador deve entender que é indispensável a coleta e análise de todas as evidências, afinal, para uma futura ação judicial provas são indispensáveis, assim como é importante que tal profissional lembre-se do impacto que uma investigação pode gerar na vida de um colaborador. Portanto, agir com responsabilidade é o que traz excelência ao trabalho do investigador corporativo.

Capítulo 25

A real magnitude do mapeamento comportamental

Saul Christoff

Este artigo propõe o interesse para o autodesenvolvimento, não somente para o meio profissional, como em todas as áreas da vida, ativando a real importância de possuir o conhecimento de utilização das ferramentas de Mapeamento Comportamental (MC). Compreender qual é o seu perfil comportamental predominante possibilitará elucidar questões e revelará respostas.

Saul Christoff

Master Coach, consultor, palestrante, *mentor*, especialista em T&D Pessoas e Equipes, pesquisador comportamental, CEO na Christoff & Pazzini. Criador do Programa de Treinamento *Teaching training* (treinamento para ensinar) - destinado para professores, treinadores, gestores, líderes e profissionais da área de treinamento e desenvolvimento profissional e humano. Formações na SBC (Sociedade Brasileira de Coaching): *personal & professional coaching*; *executive coaching* (líderes e executivos de alta *performance*); *positive coaching; career coaching; mentoring coaching; leader coach*; sucesso em liderança (por Brian Tracy); Psicologia Positiva Aplicada; *master in coaching*. Formação: profissão *coach* (Geronimo Theml). Estudou Educação Física na ULBRA Canoas – RS/Licenciatura. Estudou Administração na Universidade Estácio de Sá de Belo Horizonte – MG.

Contatos
Instagram: saulchristoff_master_training
Facebook: Saul Christoff
LinkedIn: Saul Christoff
WhatsApp: (51) 99181-9393

Entender sobre MC vai muito além de sair-se bem em uma entrevista de emprego, destacar-se em uma seleção para vaga "X ou Y", ou para uma promoção de cargo. Minha intenção é despertar o maior número possível de pessoas para o interesse no autodesenvolvimento, não somente no meio profissional, mas em todas as áreas da vida, e mais, ativar a real importância de possuir o conhecimento e utilizar as ferramentas de MC, bem como explorar outras formas de capacitação, autogerenciamento e autorrealização, destacando o *coaching* e mentoria. Por exemplo, enfatizo também a variedade de benefícios que um processo de avaliação e mapeamento comportamental pode gerar para acelerar e melhorar os resultados tanto em caráter pessoal quanto no profissional. Há inúmeras discussões e controvérsias relativas a qual processo e/ou sistema usar ou empregar para ter o máximo de exatidão nos resultados, assim como na data de validade de um MC, como também muitas dúvidas sobre quando devemos refazer um.

Aqui vou abordar com você essas questões e muitas outras para que tenha o conhecimento mínimo para decidir e escolher qual método, sistema e/ou profissional atenderá melhor suas necessidades. Começarei respondendo uma dúvida muito comum e corriqueira, inclusive a mais questionada de meus clientes: a data de validade de um mapeamento comportamental. Na verdade, não existe uma data de validade de um MC, e sim uma necessidade de verificar a evolução ou mudanças comportamentais que naturalmente são comuns no decorrer de nossa jornada: itens como idade, grupo social, formações acadêmicas e técnicas, experiências, viagens, etc., podem alterar alguns aspectos em nosso comportamento, da mesma forma que outros fatores como traumas, situação econômica e referências pessoais, também podem nos influenciar e, claro, haverá modificações comportamentais. Quando feito um MC pela primeira vez, você não terá como mensurar mudanças, porém verá, quando o fizer com mais frequência, seja para galgar uma oportunidade ou simples conferência e autoavaliação. Na prática, é utilizado um tempo de seis meses entre um e outro, porém isso não é uma regra.

Um pouco além

Compreender qual é o seu "perfil comportamental predominante" possibilitará elucidar questões e revelará respostas, assim como erradicará uma gama de dúvidas e, portanto, terá a possibilidade de visualizar os pontos a serem observados com mais atenção, com clareza e objetividade, motivando você a tomar atitudes proativas e minimizar eventuais efeitos negativos consequentes de seu comportamento, da mesma forma com os pontos positivos, sendo então trabalhados para maximizar resultados.

Processos, métodos e sistemas de mapeamento comportamental

Alguns processos são muito completos e também complexos como os de terapia e psicanálise, que são pouco utilizados para esse fim "análise e mapeamento comportamental", estes são realizado por profissionais devidamente habilitados e homologados conforme exigências regulamentares de cada área ou especificidade regimentar, esses têm a capacidade de fornecer informações completas e específicas, tendo você a possibilidade de receber uma devolutiva direta do profissional, informações essas do tipo "como e por que você está onde está" e "por que tem o que tem" baseado em análises, ou seja, o que possui atualmente como emprego, suas relações, seus investimentos, seu dinheiro, o automóvel com que você anda, o lugar onde você reside, as pessoas com que você se relaciona, assim como os seus sonhos e angústias, e muito mais!

Outros processos como dinâmicas de grupo, entrevistas, simulações, aplicação de questionários, observação analítica com relatório, são mais utilizados pelos profissionais de recrutamento e seleção, recursos humanos e empresas especializadas em processos seletivos, são aplicados por especialistas devidamente treinados e com formação e experiência exigidas para tal fim, têm como objetivo selecionar pessoas para ocupar determinados cargos e/ou executar determinadas funções. Existem empresas específicas na iniciativa privada que prestam esses serviços para particulares, como por exemplo o de análises e mapeamento comportamental, perfil/cargo e outros serviços similares, dependendo da empresa. Processos de *coaching*, executados por um *coach* (pessoa com as devidas certificações, habilidades, formações adequadas, especializações ou cursos específicos) com especialidades e nichos de atuação como exemplo (*personal, executive, career, business* ou *master coach*). Os *coaches* (pessoas habilitadas a prestar serviços com metodologia e ferramentas específicas de processos de *coaching*) podem estar executando mapeamento comportamental usando habilidades e ferramentas apropriadas, e assim podendo estar atuando junto com o *coachee* (Cliente que se submete ao processo de *coaching*) traçando e pontuando modelos e mapas mentais, preferências, restrições, competências, principais características e perfil comportamental.

DISC (psicologia)
Avaliação DISC é uma teoria postulada pelo psicólogo Dr. William Moulton Marston em seu livro "Emotions of Normal People" (1928), publicado pela primeira vez em português no ano de 2014, com o nome de "As emoções das pessoas normais", que determina alguns padrões de comportamento.

DISC é a sigla com as iniciais de cada um dos quatro tipos de perfis que servem de base para o comportamento humano: Dominância, Influência, Estabilidade e Conformidade. Para o Perfil Comportamental (DISC), existem diferentes testes no mercado com a função de identificar e mapear as características comportamentais de uma pessoa.

Diversas são as variações do DISC, a que você está visualizando aqui é a base, todas as outras seguiram essa como referência, foram transformadas e/ou adequadas para melhor atender determinada demanda, redimensionada a perfis diferentes, assim como modificações de estrutura, siglas e até o acréscimo de perfis comportamentais. Todas são ótimas, a questão é escolher qual atenderá melhor suas expectativas, seja em caráter pessoal ou profissional. Hoje você consegue fazer um mapeamento comportamental sem sair de casa, pela *internet*, sem qualquer dificuldade ou pressões, porém sempre aconselho a quem optar por usar esse meio estudar muito cada informação para que nada se perca por falta de entendimento, considerar o acompanhamento de um profissional para esclarecimentos para conseguir traçar um plano de ação se necessário for; com dados em mãos, fica muito mais fácil e melhor planejar e iniciar mudanças com total entendimento e eficácia da aplicação da ferramenta DISC.

Comportamento
Praticamente tudo o que acontece ou não em sua vida é relacionado ao seu comportamento. O que é exatamente comportamento? Significado de comportamento no dicionário é: "Ato ou efeito de comportar-se, procedimento de alguém em face de estímulos sociais ou a sentimentos e necessidades íntimos ou uma combinação de ambos". Visto e entendido, agora fica mais fácil absorver que direta ou indiretamente tudo depende de nosso comportamento, sabe por quê? Porque tudo que você possui até hoje, são meros frutos de seu comportamento passado, e os comportamentos são nada mais nada menos que nosso mapa mental ou *mindset*. Sabe por que estou relacionando isso? Para assegurar que você, a partir de agora, com esse conhecimento, prestará mais atenção no que verdadeiramente fará para ter mais oportunidades e possibilidades na vida, seu comportamento é seu curriculum nos dias de hoje, os processos seletivos estão mudando, as exigências do mercado também, as pessoas no geral não se deram conta disso, você deve conhecer alguém que possui comportamentos impróprios, seja no convívio com a família, com amigos, colegas de escola ou faculdade, trabalho ou muitas vezes até na hora de lazer. Exemplo clássico de comportamento que acaba prejudicando as pessoas e muitas delas não se dão conta são nas redes sociais, você deve estar pensando e rindo, não é? Pois bem, ao ler e estudar sobre mapeamento comportamental é necessário abrir a mente e os olhos, para a amplitude da dimensão sobre comportamento humano, relacionar o assunto apenas em testes e/ou modelos deixaremos de aprender a essência e a aplicação desse conhecimento, é ampla e diversificada a matéria, quem entender e praticar terá infinitamente mais chances de ter êxito em todas as áreas da vida.

Agora pare, pense no que leu até agora! E responda: faz sentido para você entender e aprender mais sobre mapeamento comportamental? Vale a pena investir nesse conhecimento? Se estiver satisfeito, com o que já sabe ok, mas se não estiver, reflita sobre isso, autoavalie-se e descubra "quais" comportamentos levaram-lhe a esses resultados, e qual ou quais deseja adquirir ou aperfeiçoar. Importante avaliar e validar tudo oque pode ser MELHORADO, para criar a possibilidade de alavancar resultados plausíveis daqui para frente.

Para refletir

- **Não tente mudar comportamentos sem que haja motivações, caso contrário perderá tempo e paciência.** Mapeamentos Comportamentais não são jogos de certo X errado, requer estudo e comprometimento, não somente de sua essência, mas também de suas aplicações e fundamentos. Lembrando que existem práticas e diversas ferramentas.

- **Quanto mais entendermos sobre comportamento humano, repito e afirmo mais sucesso teremos em todos os aspectos da vida.** O MC nunca poderá ser visto como definitivo, único e totalmente verdadeiro, é um ponto inicial, uma etapa, e sempre subjetivo. O assunto "humanas" e tudo referido a tal, como COMPORTAMENTOS, não pode ser tratado como "exatas", que afirma que 1+1 = 2 e ponto final.

- **Pensar que todos têm o mesmo entendimento que você sobre MC é sinal que você não entende nada de MC.** Nenhum processo de Mapeamento Comportamental deve ser realizado sem que haja entendimento e respeito à pluralidade humana.

Questione-se e pense:
1. Por que e para que fazer um MC?
2. Qual o seu interesse em fazê-lo?
3. No "seu" entendimento, o que é Mapeamento Comportamental?
4. Você conhece os benefícios do MC?
5. Você sabe a diferença entre avaliação comportamental e mapeamento comportamental?

Interiorizar mentalmente e emocionalmente as informações de um MC fará com que você monte um planejamento de vida, carreira, negócios e principalmente requintar as suas relações pessoais e interpessoais. Você saberá o que precisa ser realizado e melhorado para atingir o seu máximo, e também superar as suas expectativas alusivas ao que deseja. Compreenderá seu modus operandi, entenderá porque você está onde está! Dominará o que mais lhe motiva: dor ou prazer de forma clara. Nas tomadas de decisões, nas mudanças e adaptações de padrões preestabelecidos ou novos padrões, você saberá onde se encaixa melhor. Você vai intencionar que aquilo (coisas), ou lá (lugares) ou até com (pessoas) você terá mais ou menos probabilidade de sucesso e felicidade. MC não é magia, bruxaria, nem tão pouco lavagem cerebral, como não é manipulação, mesmo que alguns desinformados dizem que: "Aprende-se a tornar-se uma pessoa que não é". Ou "perda de identidade", ou até "incorporar um personagem". Mapeamento comportamental: ciência comportamental, cientificamente comprovada, testada e certificada por PHDs, mestres, instituições educacionais e científicas.

Cuidados
Ao fazer o seu MC por conta própria, com ferramentas disponíveis em canais de comunicação como a internet, ou programas pré-pagos disponíveis na rede, tenha cuidado e critério para não fazer uma "má interpretação" dos resultados. Tenho conhecimento de muitas pessoas que após realizarem erroneamente e dubiamente os resultados, tiveram uma frustração, em vez de um desfecho categórico e a contento. Tenha consciência que em tudo nesta vida pode ser ótimo, bom, regular e ruim. Nutra sempre na sua mente que existem "pessoas e pessoas", e que os resultados sempre servirão para ajudá-lo, auxiliá-lo na sua caminhada pessoal, e não para prejudicá-lo.

Antes de fazer um Mapeamento Comportamental, pesquise muito, analise e converse com outras pessoas a respeito desta questão. Escolha dialogar com analistas comportamentais, psicólogos, terapeutas, *coaches* e outros profissionais que tratam da área de comportamento.

Agindo com responsabilidade, certamente terá o entendimento e a clareza necessários sobre as respostas e conclusões de um MC.

Reafirmo algo que já mencionei anteriormente: não existem resultados certos ou errados, melhores ou piores, mas sim informações valiosas, que você usará para ampliar, modificar e aperfeiçoar o quesito mais importante da sua vida humana, que são os comportamentos. Meu agradecimento e respeito a você, leitor, por ter me acompanhando até aqui e espero que com minhas palavras tenha ajudado em sua caminhada.

Capítulo 26

Virtudes e força de caráter para desenvolvimento de equipes eficazes

Simone F. Figueira

O objetivo deste capítulo é trazer a compreensão do comportamento humano por meio da intervenção das forças de caráter, podendo ter como resultado melhorias de engajamento da equipe, fortalecimento das relações, colaboradores mais felizes em suas posições de trabalho, clientes encantados e negócios prósperos.

Simone F. Figueira

Meu foco é gestão de relacionamento com o desafio de integrar pessoas e tecnologia, potencializando talentos e negócios. Acredito que pessoas felizes tornam os negócios prósperos. Sou empresária, administradora, gestora de negócios pela FGV, especialista em Desenvolvimento Humano e Psicologia Positiva pelo IPOGSP, *coach* Ikigai. Tenho 17 anos de experiência em Gestão de Negócios e Pessoas. Participei do Programa *10.000 Mulheres Empreendedoras* do Goldman Sachs.

Contatos
www.crmday.com.br
simone.figueira@crmday.com.br
(11) 95766-1031

"Individualmente, não somos perfeitos,
mas em grupo podemos ser."
Simone F. Figueira

Essa afirmação traz a possibilidade de sermos melhores como indivíduos quando passamos a reconhecer nossa vulnerabilidade e colocamos energia e esforço em atuação no que temos mais força e poder.
Organizações que podem contar com as pessoas certas, favorecendo que elas estejam na cadeira certa, certamente conquistarão melhores resultados. Atualmente possuímos muitos instrumentos disponíveis e acessíveis, isso nos faz parecer peritos em procedimentos de "análise comportamental", o que obviamente torna os processos mais objetivos e claros, mas eu receio que, com toda essa variedade de ferramentas, podemos correr o risco de superestimar a tecnologia e rotular o ser humano, em testes de perfis comportamentais.

Em 2009, entrei em contato com o conhecimento de Mapeamento Comportamental, eu sendo administradora e sócia/proprietária de uma empresa de tecnologia, onde os profissionais, na sua maioria, estavam voltados para programação e desenvolvimento de *softwares*. Diante de atrasos em projetos e dificuldade na interpretação da análise da demanda do cliente com nossa prestação de serviços e produtos, entre muitos outros diversos desafios que enfrentávamos, decidi buscar recursos para transformar tal cenário, passei pelo DISC, que apresenta quatro perfis comportamentais: D- Dominante; I- Influência; S- Estabilidade; C- Conformidade.

Em seguida, utilizei uma outra ferramenta que apresenta de forma lúdica também quatro perfis: Lobo (Ordem/Controle); Tubarão (Ação/Execução); Águia (Estratégia/Visão); Gato (Comunicação/Trabalho em Equipe), este por sua vez mais aceito por ter sua forma arquetípica.

No entanto, receio que a técnica nos torna mecânicos e reduz a capacidade de apoio efetivo no processo de mudança. Além disso, podemos ser conduzidos a ajustar pessoas e seus desafios à técnica.

Para conquistar bons resultados na implantação de mudanças por meio da gestão por competência, acredito que é necessário estar centrado no indivíduo, e é importante se colocar como facilitador, sempre aberto e receptivo, silencioso internamente a ponto de ouvir com todos os seus sinais (livro *O corpo fala*) e, assim, compreender e responder – isso somente será possível no momento em que estiver centrado em si mesmo, a partir daí chamo a atenção a um aspecto importante para a Gestão por Competência:

A liderança

> "Aqueles que querem liderar devem aprender a liderar a si mesmos."
> Peter Drucker

A grande chave da implantação de qualquer modelo nas organizações está na liderança, creio que o sonho de todo líder, senão o da grande maioria, seja o de levar sua equipe a conquistas maiores. Vivemos uma grande mudança de paradigma, durante muito tempo o foco estava no produto, atualmente vivemos o foco no cliente, consequentemente nas pessoas, afinal o cliente sempre será uma pessoa.

E é partir daí que surge a imensa necessidade do autoconhecimento e autodesenvolvimento, e essa necessidade se torna maior e mais profunda quando se trata do líder.

Resumidamente, a liderança positiva está sustentada pelo que dá certo, totalmente o contrário de consertar o que está errado, este ponto é administrado da melhor maneira, mas não se dedica esforço para a mudança. O líder "positivo", nesse caso, foca no que o liderado tem de potencial, para que isso cresça ainda mais, gerando emoções positivas, engajamento, relacionamentos, significado e realizações.

No modelo tradicional do passado, o líder avaliava seus liderados de acordo com suas fraquezas, procurando as fragilidades a ser melhoradas. Atualmente, as organizações têm voltado a atenção ao ser humano, percebendo que um bom desempenho profissional é capaz de contribuir para potencializá-las, o ser humano se torna, então, o grande diferencial das organizações. Percebe que não basta ter recursos e a mais avançada tecnologia se isso tudo não for sustentado por pessoas talentosas com foco em resultados.

Mas as empresas, em sua maioria, ainda passam por dois equívocos, conforme Buckinghan e Clifton apontam: elas ainda acham que o maior potencial de crescimento das pessoas está nos seus pontos fracos ou dificuldades; acreditam que as pessoas podem ser competentes em quase tudo.

Intervenções com forças de caráter

> "A tarefa da psicologia positiva é descrever, em vez de prescrever, o que as pessoas efetivamente fazem para obter bem-estar."
> Martin Seligman

A ciência das forças de caráter é o fundamento de uma "nova" psicologia, a Psicologia Positiva, que tem seu foco na vasta gama das belas características psicológicas com as quais todos os seres humanos são dotados. Podemos considerar nossa mente nossa maior amiga, mas também pode ser nossa maior inimiga. Somente 20% dos indivíduos e equipes alcançam seu verdadeiro potencial – o restante desperdiça muito tempo e energia aprimorando seus pontos fracos ou por falta de conhecimento e não aprofundamento em seus pontos fortes. Por meio das intervenções da Psicologia Positiva, é possível mudar permanentemente o foco para as forças pessoais e assim explorar mais seu vasto e inexplorado potencial e da equipe.

Dr. Ryan Niemiec é a maior autoridade no mundo na ciência, na prática e ensino das forças de caráter. Mas o que seriam as forças de caráter?

Em 1999, Martin Seligman, então presidente da APA (Associação de Psicologia Positiva Americana), Peterson e 55 profissionais de desenvolvimento positivo se dedicaram à maior pesquisa já realizada para compreender o que há de melhor nos seres humanos, envolveram-se em uma extensa revisão histórica e análise do melhor pensamento sobre o tema do caráter na filosofia, ética das virtudes, educação moral, psicologia e teologia dos últimos 2.500 anos. Como resultado, chegaram à conclusão de uma classificação de seis virtudes (sabedoria, coragem, humanidade, justiça, temperança e transcendência) e de 24 forças que representam fortemente os caminhos para as seis virtudes.

Usado como instrumento de mensuração, o inventário Via de Forças (questionário Via) é um teste gratuito e *online* – www.viacharacter.org – que pode ser realizado por adultos e jovens de 10 a 17 anos de idade, validado psicometricamente, com 37 traduções.

Classificação VIA das Forças de Caráter e Virtudes

Virtude da Sabedoria:

Força de Caráter	Característica
Criatividade	Pensar em maneiras inovadoras e produtivas de fazer as coisas.
Curiosidade	Ter interesse por todas as experiências em curso.
Critério	Pensar a respeito das coisas e examiná-las sob todos os ângulos.
Amor ao aprendizado	Dominar novas habilidades, tópicos e áreas de conhecimento.
Perspectiva	Ser capaz de oferecer conselho sábio a outros.

Virtude da Coragem:

Força de Caráter	Característica
Honestidade	Falar a verdade e apresentar-se de maneira genuína.
Bravura	Não recuar perante ameaças, desafios, dificuldade ou dor.
Perseverança	Terminar o que começa.
Entusiasmo	Abordar a vida com animação e energia.
Honestidade	Falar a verdade e apresentar-se de maneira genuína.

Virtude da Humanidade:

Força de Caráter	Característica
Generosidade	Falar a verdade e apresentar-se de maneira genuína.

Amor	Não recuar perante ameaças, desafios, dificuldades ou dor.
Inteligência Social	Estar consciente dos motivos e sentimentos próprios e de outros.

Virtude da Justiça:

Força de Caráter	Característica
Imparcialidade	Tratar todas as pessoas da mesma maneira, de acordo com noções de igualdade e justiça.
Liderança	Organizar atividades em grupo e fazer com que aconteçam.
Trabalho em Equipe	Trabalhar bem como membro de um grupo ou equipe.

Virtude da Temperança:

Força de Caráter	Característica
Apreciação da Beleza e Excelência	Notar e apreciar a beleza, excelência e/ou desempenho habilidoso em todos os domínios da vida.
Gratidão	Ser consciente e grato pelas coisas que acontecem.
Esperança	Esperar o melhor e trabalhar para alcançar o melhor.
Humor	Gostar de rir e contribuir para que outras pessoas riam.
Espiritualidade	Ter crenças coerentes acerca de um propósito maior e significado na vida.

As forças de caráter são as partes positivas de sua personalidade que afetam o modo como pensa, sente e se comporta. A partir da descoberta e da prática de suas forças de caráter e virtudes, aprende-se a lidar com o estresse e os desafios da vida, trabalhar em direção a objetivos, torna-se uma pessoa mais feliz e são desenvolvidos melhores relacionamentos.

Em resumo, o instituto VIA (https://www.viacharacter.org/) explica que é uma linguagem comum dos traços de personalidade que: reflete a identidade pessoal; produz resultados positivos individuais e coletivos.

As forças de caráter são como ingredientes para uma boa vida, uma vida bem vivida, características pessoais positivas que são centrais ao nosso ser.

PEG – Positive Experience Game

Trata-se de uma forma de "gamificação" para desenvolvimento, aprimoramento e *performance* das Virtudes e Forças de Caráter. Criado e desenvolvido pelo *Positive Experience Game*, tem como principal proposta que os participantes, por meio das atividades e o contato com o material, possam relacionar as Forças de Caráter com os seus comportamentos e perceber o impacto que isso causa em sua vida.

Por meio de um jogo de tabuleiro e um profissional certificado, irá promover o aprendizado e a aplicabilidade das Virtudes e Forças de Caráter de maneira lúdica, instigante e desafiadora.

Referências

CHAMINE, Shirzad. *Inteligência positiva: por que só 20% das equipes e dos indivíduos alcançam seu verdadeiro potencial e como você pode alcançar o seu*. Rio de Janeiro: Objetiva, 2013.

COSTA, F; LIVRAMENTO, R.; SAAD, A. *Positive Experience Game*. Positive Experience, 2010. Jogo de tabuleiro.

NIEMIC, Ryan M. *Intervenções com forças de caráter*. Tradução Gilmara Ebers. 1.ed. São Paulo: Hogrefe, 2019.

Capítulo 27

Applied Behavior Analysis - ABA (Análise do Comportamento Aplicada)

Tatiana O. Serra

"Não considere nenhuma prática como imutável. Mude e esteja pronto a mudar novamente. Não aceite a verdade eterna. Experimente."
(B.F.Skinner)

Tatiana O. Serra

Sócia-diretora do Núcleo Direcional – intervenção e formação comportamental, psicóloga formada pela Universidade Paulista (UNIP), neuropsicóloga pelo Hospital das Clínicas da Faculdade de Medicina da Universidade de São Paulo (HCFMUSP). Analista do Comportamento pela Universidade de São Paulo – USP e mestranda em Análise do Comportamento Aplicada pelo Centro Paradigma de Ciência do Comportamento. Supervisora e consultora em ABA.

Contatos
www.nucleodirecional.com.br
tatianaserra@nucleodirecional.com.br
Instagram: @tatianaserraoficial
Facebook: @nucleodirecional

Análise do Comportamento Aplicada é uma ciência com vasto campo de estudos cujo objetivo é buscar conhecimento sobre as variáveis que afetam os comportamentos, diferentemente do método, que é a forma de trabalhar cientificamente. Enquanto ciência é uma abordagem da Psicologia, denominada de Behaviorismo, a qual tem como objeto de estudo o comportamento, concentrando-se na análise objetiva do comportamento observável e mensurável. Os pioneiros foram Ivan Pavlov, John B. Watson, Edward Thorndike e B.F. Skinner.

A espécie humana, como todas as demais, é um produto da seleção natural. Cada um de seus membros é um organismo extremamente complexo, um sistema vivo, objeto da anatomia e da fisiologia. Campos como a respiração, a digestão, a circulação e a imunização foram separados como objetos de estudo especiais e entre eles está o campo que chamamos comportamento. Este envolve comumente o ambiente. (SKINNER, 1974, p.33)

A Análise do Comportamento observa, analisa e explica a relação entre o ambiente, o comportamento humano e a aprendizagem. Já a Análise do Comportamento Aplicada (ABA) é um sistema teórico e prático para a explicação e modificação do comportamento humano baseado em evidência empírica (HEFLIN; ALAIMO, 2007). Uma abordagem científica, tecnológica e profissional capaz de avaliar, explicar e modicar comportamentos baseados nos princípios do condicionamento operante introduzidos por B.F. Skinner (SKINNER, 1953).

Na ótica do condicionamento operante, os comportamentos são aprendidos no processo de interação entre o indivíduo e seu ambiente físico e social (SKINNER, 1953). O comportamento é influenciado pelos estímulos ambientais que o antecedem e são aprendidos em função de suas consequências.

Dessa forma, a ABA investiga as variáveis que afetam o comportamento humano, sendo capaz de alterá-los por meio da modificação de seus antecedentes e suas consequências (SUGAI, LEWIS-PALMER; HAGANBURKE, 2000). Para tal, o profissional ABA utiliza-se de métodos experimentais e sistemáticos de observação e mensuração dos comportamentos. Ao medir os comportamentos observáveis, a ABA assume uma abordagem conduzida pelos dados na avaliação e intervenção de comportamentos que são importantes para os indivíduos e para a sociedade (BAER, WOLF, RISLEY, 1968).

Portanto, enquanto uma abordagem científica, a ABA utiliza princípios derivados de investigações científicas e demonstra experimentalmente, por meio de dados empíricos consistentes, a eficácia dos procedimentos utilizados nas intervenções. E, dessa forma, os analistas do comportamento aplicados desenvolvem procedimentos e estratégias de intervenção para comportamentos que requerem modificação e/ou aprimoramento.

A ABA é definida, ainda, como uma tecnologia aplicada em situações de vida reais, onde comportamentos apropriados e inapropriados podem ser melhorados, aumentados ou diminuídos. Embora amplamente conhecida como um método de intervenção para pessoas com autismo (HOWARD et al., 2005; LANDA, 2007), a ABA é uma tecnologia que pode ser aplicada a crianças e adultos com ou sem necessidades especiais em clínicas, escolas, hospitais, em casa, no ambiente de trabalho ou na comunidade (CAUTILLI, DZIEWOLSKA, 2008).

Para ser considerada aplicada, a intervenção deve focar nos comportamentos ou situações que são importantes para o indivíduo e para a sociedade em vez de importantes para a teoria. Deve proporcionar independência para as pessoas que buscam esse tratamento e elas devem estar satisfeitas com os procedimentos e resultados obtidos (WOLF, 1978). Portanto, a intervenção comportamental é aquela preocupada com o que os indivíduos fazem em vez do que eles dizem que fazem (BAER, WOLF, RISLEY, 1968). Isso significa que comportamentos devem ser observados e precisamente medidos, possibilitando avaliar a ocorrência de mudanças e a efetividade da intervenção.

Dessa maneira, e para que seja capaz de fazer uma completa observação, mensuração e depois modificação do comportamento, é necessário que compreenda o seguinte: todo comportamento é produto da interação do organismo com o ambiente, logo sempre haverá um antecedente, um SD – o evento que ocorreu antes da emissão do comportamento. Em seguida, há uma resposta que o indivíduo emite e este produzirá uma consequência no ambiente – a consequência é o que mantém o comportamento ocorrendo ou possibilita que ele ocorra novamente.

Vale ressaltar que, para se fazer ciência com base na ABA, o profissional deve seguir os princípios e as setes dimensões propostas, são elas:

1. **Aplicada:** selecionar o comportamento clinicamente relevante para o cliente e seu entorno e propor estratégias de modificação necessárias, usando os procedimentos de ensino da ciência ABA.

2. **Comportamental:** parece óbvio que, se é análise do comportamento, deve ser comportamental, no entanto não é qualquer comportamento que serve, mas sim o comportamento que realmente precisa melhorar, considerando-o que seja observável e mensurável, com medidas confiáveis e validadas empiricamente (Cooper e cols., 2017).

3. **Analítica:** analisar um comportamento estabelecendo relações funcionais entre o comportamento e o ambiente.

4. **Tecnológica:** o conhecimento produzido pela ciência ABA deve trazer soluções para os problemas da sociedade. Ou seja, é tecnológica porque os procedimentos são descritos de forma que possibilita a replicação das intervenções por qualquer pessoa obtendo a mesma efetividade.

5. **Conceitualmente sistemática:** o analista do comportamento deve ser capaz de demonstrar o processo de mudança do comportamento, fundamentada nos conceitos e conhecimentos produzidos pela ABA.

6. **Efetiva:** essa é a dimensão de todas as ciências aplicadas, onde é necessário ter uma comprovação de que o objetivo final foi alcançado.

7. **Generalidade:** a mudança comportamental deve ser duradoura e generalizada para outros ambientes, situações e pessoas.

Ademais, a ABA é uma ciência eficaz para qualquer problema socialmente relevante. Dessa forma, recomenda-se que, ao se autodenominar analista do comportamento, o profissional tenha passado pela formação específica e com critérios de formação claros e diretos.

Referências

BAER, DM; WOLF, MM & RISLEY, TR. *Some current dimensions of applied behavior analysis.*

CAMARGO, SPH; RISPOLI, M. Análise do comportamento aplicada como intervenção para o autismo: definição, características e pressupostos filosóficos. *Revista Educação Especial*, v. 26, n. 47, set./dez. 2013, Santa Maria. Disponível em: http://www.ufsm.br/revistaeducacaoespecial.

CAUTILLI, JD; DZIEWOLSKA, H. *Licensing behavior analysis.* International Journal of Behavioral Consultation and Therapy. V. 4, n. 1, 2008.

COOPER, JO; HERON, TE & HEWARD, WL. *Applied Behavior Analysis.* Pearson New Internation Edition. Third Edition, 2017.

HEFLIN, LJ; ALAIMO, DF. *Students with autism spectrum disorders: effective instructional practices.* Upper Saddle River, NJ: Pearson Education, Inc., 2007.

HOWARD, JS, et al. *A comparison of intensive behavior analytic and eclectic treatments for young children with autism.* Research in Developmental Disabilities, v. 26, n. 4, 2005.

LANDA, R. *Early communication development and intervention for children with autism. Mental Retardation & Developmental Disabilities Research Reviews*, v. 13, n. 1, 2007.

SKINNER, BF. *Sobre o Behaviorismo* (M. P. Villalobos, Trad). São Paulo: Cultrix –Cap. 1. (Obra original publicada em 1974), 2000.

_____. *Ciência e comportamento humano* (J. C. Todorov, & R. Azzi, Trans.). São Paulo: Martins Fontes. (Trabalho original publicado em 1953), 2003.

_____. *Verbal behavior.* New York, NY: Appleton Century Crofts, 1957.

SUGAI, G; LEWIS-PALMER, T & HAGAN-BURKE, S. Overview of the functional behavioral assessment process. Exceptionality, v. 8, n. 3, p. 149-60, 2000.

WOLF, MM. *Social validity: the case for subjective measurement or how applied behavior analysis is finding its heart.* Journal of Applied Behavior Analysis, v. 11, n. 2, p. 203-214, 1978.

Capítulo 28

Na construção do caminho

Valdistela Caú

A Roda da vida é uma metodologia já validada pelas maiores instituições que trabalham com desenvolvimento humano no país e no mundo que vai ajudar a construir a estrada para chegar a seus objetivos, sejam eles profissionais ou pessoais, fortalecendo seus valores, sua missão em prol do seu propósito de ser.

Valdistela Caú

Personal e *professional coach*, analista alfa, *executive coaching* e *coaching extremes*, pela Sociedade Brasileira de Coaching com quatro Certificações Internacionais. Especialista em Gestão Pública com 15 anos de mercado. Palestrante motivacional. Turismóloga, MBA em Gestão de Projetos. Mestranda em Ciências Administrativas. Sócia-Proprietária da CAHÚ Consultoria. Consultora e instrutora de várias empresas importantes no mercado nacional. Coautora do *best-seller Mapeamento comportamental I*.

Contatos
cahu50@hotmail.com
Facebook: Valdistela Caú
(81) 99960-3959

Olá, leitor!

Já estava com saudades, e você? Se você leu o primeiro volume deste livro, lembra que conversamos sobre valores X missão = propósito. E se fez as atividades propostas deve ter dito: já conheço meus valores, compreendi minha missão e já sei aonde desejo chegar, já tenho tudo o que preciso. Será? Não quero aqui provocar dúvidas, mas acredita mesmo que é o suficiente?

E se eu disser que podemos e precisamos aprofundar esse autoconhecimento, que podemos transcender e ir além do horizonte. O que você acha? Gostou da ideia? Então, venha comigo!

Neste volume, quero conversar com você que já deve ter feito o passo a passo anterior e agora precisa realizar outro tipo de avaliação para chegar aos seus objetivos.

Já ouviu falar em gestão por competências ou já fez análise das suas competências? O que desenvolveu ao logo de sua trajetória profissional? Você já tem uma coleção de cursos MBA etc. E como você avalia o emprego das competências adquiridas e como está atualmente nesse sentido? Já parou para pensar como está sua carreira diante dos seus valores, missão e propósito de vida?

Vamos lá, para começar, quero deixar claro o que significa competência de acordo com o dicionário Larousse – capacidade decorrente do conhecimento que alguém tem sobre um assunto; aptidão; soma de conhecimento ou de habilidades. De modo que podem ser avaliadas e devemos refletir sobre elas para medir nossas habilidades interpessoais e emocionais, forças mentais, aproveitamento de oportunidades, mas também para identificar aquelas que estão impactando diretamente o seu sucesso ou a falta dele. E, que tal começar a refletir sobre como suas competências e o desenvolvimento ou não delas têm influenciado em sua vida? Com isso, segue a Roda de Competências para iniciarmos.

Peço que avalie cada campo apresentado e classifique com pontuação de 1 a 10, tendo o centro a figura como ponto 0 e, após analisar e pontuar, ligue os pontos, de modo que terá um retrato do seu cenário atual.

Mapeamento comportamental - Vol. 2

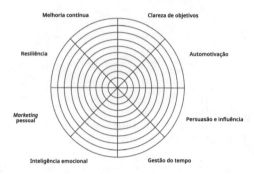

Após ter realizado essa análise, vamos para a seguinte, que se chama Roda da Vida. Peço que o leitor faça essa Análise de forma franca com seus valores.

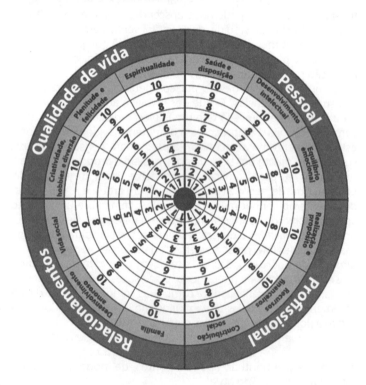

Você deve estar pensando, meu objetivo é profissional e por que tenho que analisar também a Roda da Vida? A experiência tem me mostrado que, quando analisava apenas uma das rodas, algo ficava solto, faltava uma liga, algo substancial. Pois parto do princípio de que somos UNO, palavra derivada do Latim, que segundo o dicionário Michaelis quer dizer que cujas partes possam ser distinguidas, não pode ser dividido, pois perdem sua essência.

Com isso, chamo você para mais uma reflexão. Sempre ouvi, nos mais diversos setores, que não se mistura vida pessoal com profissional, os problemas de casa ficam em casa e vice-versa. E será que é assim mesmo que ocorre na vida real? Quem de nós, em algum momento da vida, por motivos sejam eles profissionais e/ou pessoais, não teve que tomar decisões importantes que promoveriam impactos positivos ou não no pessoal e/ou no profissional?

E é a partir dessa reflexão que quando trabalho com um time ou individualmente gosto de aplicar essa ferramenta em conjunto. Entendo que o indivíduo deve ser visto em um todo porque somos UNO e, ao compreender como você está profissionalmente e analisar sua roda da vida, iniciamos a análise de quais competências estão ou impactam na roda da vida, assim como algum setor da roda da vida pode estar impactando para o seu sucesso profissional.

E como ocorre ao realizar essa avaliação, podemos perceber que ao trabalhar esses dois pontos específicos, ou seja, setores que, de alguma forma, estão interligados, conseguimos promover um resultado fantástico.

Mas não paramos por aí! Estamos apenas no início da caminhada, é sim, não basta entender, identificar, com isso precisamos traçar metas e objetivos para que você possa obter o resultado desejado e, para isso, quanto mais informações e compreensão você tenha acerca do seu comportamento, as decisões tenderão a ser mais assertivas.

Vendo por esse prisma, vamos para a próxima etapa, e acredito que já tenha feito alguma vez na vida e possa até imaginar agora, mas isso eu já sei!

No entanto, existem outras formas de analisar e de ver a famosa FOFA, então venha comigo!

Mapeamento comportamental - Vol. 2

Forças	Oportunidade
O que é que faz bem? Que recurso único pode aproveitar? O que é que os outros veem? Como você vê?	Que oportunidade tem disponível? Que tendências/novidades pode aproveitar? Como pode transformar as suas forças em oportunidade?
Fraquezas	**Ameaças**
O que é que pode melhorar? Quais são os recursos que têm menos do que os outros? O que os outros veem como suas prováveis fraquezas?	Que ameaças podem prejudicá-lo? O que é que sua competição pode fazer? As suas fraquezas expõem-no a que possíveis ameaças?

Após realizar a FOFA, você pode se questionar sobre o que tem de diferente de todas as outras que eu já realizei. Você já parou para pensar que, quando fazemos essa análise, nossas fraquezas passam a nos atormentar? Imagine as ameaças!

E, o que eu desejo que você possa fazer a partir de hoje ao realizar essa avaliação? A partir do momento em que você potencializa suas forças, foque nesse objetivo e trace uma nova estratégia para as fraquezas e ameaças, não passe sua vida tentando desenvolver uma competência que não quer ou sofrendo porque não está conseguindo. Foque nas forças e oportunidades e, com as outras duas, veja a possibilidade de fazer parcerias, sim, isso mesmo! Fazer parcerias. Será que você vai ter tempo para ser esse super-homem ou essa mulher-maravilha para desenvolver em tempo recorde uma ou várias competências? Então faça isso, siga o caminho e me conte sobre seus resultados, vou ficar esperando por você!

E até a nossa próxima conversa.

Referências

Dicionário Enciclopédico Ilustrado Larousse. São Paulo: Larousse do Brasil, 2007.

DICIONÁRIO MICHAELIS. *Como consultar*. Disponível em: <https://michaelis.uol.com.br/moderno-portugues/como-consultar/etimologia/>. Acesso em: 16 de out de 2019.

Capítulo 29

Modelagem de excelências: compreendendo a ciência por trás da excelência

Wayne Porto Colombo

Você é excelente? Com certeza sabemos que em pelo menos alguma coisa você é excelente. No entanto, sabe me dizer quais são os motivos pelos quais seus resultados são excelentes? Você conhece alguém que tem resultados excelentes na vida? Quer entender como isso funciona e como pode modelar a excelência? Descubra neste artigo.

Wayne Porto Colombo

O autor é empresário nos ramos da Educação Corporativa, Programação Neurolinguística e Indústrias Químicas. Possui extensa formação em PNL, com especializações internacionais em Modelagem de Excelência, Panorama Neuro Social, Transformação Essencial, *Coach* Generativo, Focalização, *Mindfulness* e Hipnose Ericksoniana. Possui ainda formação internacional em Constelações Estruturais e Constelações Organizacionais. Fundador do Instituto Nacional de Modelagem Mental, onde promove cursos de formação em Modelagem de Excelências e atua codificando algoritmos de sucesso em pessoas que possuem excelência em seus campos de atuação, como empreendedorismo, vendas, esportes de alta *performance*, músicos e outros. Onde há um resultado excelente, há um modelo a ser estudado. Conheça mais no site www.modelandomestres.com.br. Nas empresas, atua na sucessão familiar por meio da Modelagem Corporativa Cultural do Fundador bem como na Construção de RH e Liderança Sistêmica.

Contatos
www.modelandomestres.com.br
wayne@modelandomestres.com.br
Instagram: @modelandomestres
(16) 98150-2228

A modelagem é algo natural do ser humano. Somos modeladores pela nossa natureza. Talvez esse seja o mais importante – se não o único – instinto do animal racional denominado ser humano. Aprendemos a falar e andar modelando nossos pais. Modelamos os amigos, modelamos atores, modelamos todos quanto nos parecem excelentes no que fazem.

Existe um pressuposto na modelagem que norteará todo nosso trabalho: tudo que um ser humano é capaz de realizar poderá ser modelado.

O que podemos compreender nesse pressuposto é que toda atividade humana é precedida por uma sequência de pensamentos que norteiam as ações, bem como de adaptações fisiológicas, que convergem para um resultado específico.

A excelência como produto de qualquer atividade humana é apenas um resultado das escolhas sequenciais de ações combinadas com a disposição fisiológica mais adequada.

Excelência = sequência neurológica de ações + disposição fisiológica coerente.

Um resultado excelente possuirá em sua equação uma sequência lógica e cadenciada de pensamentos que irão nortear a ação propriamente. Logo, a ação irá exigir uma disposição fisiológica específica e adequada para o resultado desejado.

Quando o resultado for a excelência, comprovamos que não havia melhor maneira de sequenciar os pensamentos e que não havia melhor forma de disponibilizar a fisiologia para aquele resultado.

Parece simples. E é. Se não fosse possível complicar. Mas é.

Pensemos numa pessoa esportista campeã absoluta em sua categoria. Podemos comprovar que essa pessoa possui excelência nos seus resultados pelos campeonatos que ganhou.

Aqui abro aspas para uma explicação: "excelência, então, é algo que deve ser possível de ser comprovada e não apenas atribuída, ou seja, não podemos modelar excelência onde ela não exista de fato. Não basta nos julgarmos excelentes em algo. Temos que ter resultados que comprovem essa excelência".

Essa pessoa conquistou uma sequência lógica de pensamentos que dirige as ações fisiológicas de tal forma a, repetidamente, atingir excelentes resultados em seu esporte. Lembrem e imaginem Ayrton Senna guiando seu "Fórmula 1". Certamente, ele tinha uma sequência lógica de como ser vencedor na corrida. Infelizmente, ninguém modelou Senna em vida, agora só podemos supor ou intuir, e isso não é Modelagem de Excelências.

Aqui, abro aspas para o segundo pressuposto fundamental da Modelagem de Excelências Humanas: "Modelagem de Excelências Humanas é um processo que se faz com humanos enquanto ainda ativos em campos de atuação, onde são reconhecidamente excelentes". Quando supomos que Ayrton Senna tinha em sua mente uma sequência de ações a serem realizadas pela fisiologia, criamos uma ideia de "algoritmo vencedor". Ou seja, se a mente e o corpo agirem segundo esse algoritmo, o resultado esperado será sempre o mesmo. No entanto, um terceiro pressuposto entra em atividade. "Um algoritmo de excelência humana surtirá excelência no resultado sempre que o contexto for idêntico".

Qualquer alteração mínima no contexto de uma situação exigirá correções rápidas nas ações, para que o resultado seja a excelência.

Isso nos traz um novo pressuposto da modelagem: "a excelência humana está na competência de alterar os algoritmos mentais instantaneamente (ou em milésimas frações de segundo), de acordo com a leitura do contexto imediato, mantendo como objetivo a preservação da excelência como resultado".

Podemos compreender isso ao lembrar que Ayrton Senna guiava na chuva ou em tempo seco. Em tempo frio ou calor excessivo. Largando em primeiro ou em último. Os contextos nos quais Senna se tornou reconhecidamente excelente nunca foram os mesmos, no entanto, sua competência em ler o contexto imediato e fazer todas as correções necessárias para se tornar campeão sempre foram o seu diferencial, a sua excelência.

Isso mostra que a excelência é uma competência posta à prova e resulta em excelência. Qualquer que fosse a alteração do contexto, uma série de equações matemáticas cruzando estatísticas, probabilidades e suas próprias competências surgiam e, em milésimas frações de segundo, ele corrigia suas estratégias, alterava a disposição neurofisiológica para atender a nova escolha, entre tantas outras.

Portanto, a excelência também pode ser considerada como a competência em fazer as melhores escolhas dentre todas disponíveis. Há uma infinidade de variáveis que implicam no resultado desejado. Algumas completamente possíveis de serem previstas, outras que estão sob o seu controle. No entanto, variáveis imprevistas também podem surgir e tornar tudo completamente diferente do planejado.

Já vimos, conforme exemplificado, que a excelência é uma escolha entre todas as escolhas possíveis e que resulta em êxito. Ficou claro que a escolha levará em consideração as probabilidades estatísticas e as competências a serem disponibilizadas para se conquistar o objetivo com excelência. Eliciamos alguns pressupostos básicos que reforço abaixo:

Pressupostos da Modelagem de Excelências

1. Tudo o que um ser humano é capaz de realizar poderá ser modelado;

2. Excelência = sequência neurológica de ações + disposição fisiológica coerente;

3. A excelência como produto de qualquer atividade humana é apenas um resultado das escolhas sequenciais de ações combinadas com a disposição fisiológica mais adequada;

4. Excelência é algo que deve ser possível de ser comprovado e não apenas atribuído, ou seja, não podemos modelar excelência onde ela não exista de fato. Não basta nos julgar excelentes em algo. Temos que ter resultados que comprovem essa excelência";

5. "Modelagem de Excelências Humanas é um processo que se faz com humanos enquanto ainda ativos em campos de atuação, onde são reconhecidamente excelentes";

6. "Um algoritmo de excelência humana surtirá excelência no resultado sempre que o contexto for idêntico";

7. "A excelência humana está na competência de alterar os algoritmos mentais instantaneamente (ou em milésimas frações de segundo), de acordo com a leitura do contexto imediato, mantendo como objetivo a preservação da excelência como resultado";

8. Excelência é uma competência posta à prova com êxito;

9. Excelência também pode ser considerada como a competência em fazer as melhores escolhas dentre todas disponíveis.

Faremos agora um passeio pelos níveis neurológicos para entender um pouco mais em que ponto a "excelência" se consolida.

Para que relembremos, segue abaixo uma imagem sobre os níveis neurológicos descritos por Robert Dilts.

Figura 1 – Níveis neurológicos.

A excelência é tida por alguns estudiosos como um resultado da identidade, ou seja, alguém com o título de "campeão" possui em sua identidade essa excelência diretamente associada. Eu tenho estudado e modelado pessoas excelentes em todas as áreas do conhecimento e competência humana desde 2002, e pude constatar que isso não é um fato em si. A excelência não necessariamente estará associada à identidade. Quantas pessoas que você conhece são excelentes em diversas atividades diferentes e não possuem em sua identidade uma correlação direta com sua excelência?

Se isso faz sentido, a excelência se fundamenta em algum outro alicerce ou em algum outro nível neurológico. Após estudos com base científica, pude perceber que a excelência é uma somatória de experiências vividas ou construídas previamente, que permite manter um banco de dados grande o suficiente para que, no momento exato da leitura do contexto imediato, você possa fazer a melhor escolha entre as possíveis.

Esse nível de informação não está disponível na identidade, assim como não está disponível no ambiente. O ambiente prepara uma série de experiências – próprias e de terceiros – que lhe farão compor dados importantes para decisões futuras em contextos similares. Por isso, uma das características intrínsecas dos "excelentes" é a capacidade de observação e atenção sistêmica. Quanto mais observadora e atenta uma pessoa for, maior será a probabilidade de êxito nas suas ações. Alguns livros atuais atribuem isso a uma competência chamada foco ou presença plena. Embora foco e presença não tenham a mesma definição ou etimologia, para o contexto da compreensão da excelência, ambos se equivalem, isso porque não se consegue estar 100% presente se não tiver foco, ou, não se consegue ter foco, não estando em um estado de plena presença. Dessa maneira, o ambiente lhe fornece dados e permite que você suba para o próximo degrau, chamado comportamento. Já vi também alguns escritores alegarem que excelência é o resultado de um comportamento excelente. Vamos analisar isso.

Se temos o comportamento como um grau acima do ambiente, pressupomos que o comportamento deve ser relacionado com o ambiente. Melhor para compreender será ver não como uma pirâmide, mas sim como uma escada de níveis neurológicos, onde o primeiro degrau é o ambiente e assim sucessivamente.

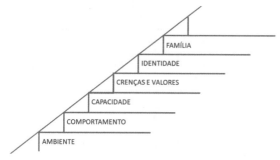

Figura 2 – Escada dos níveis neurológicos.

Quem dá pouca atenção ao ambiente, chegará ao patamar do comportamento com poucas informações para estruturar seus comportamentos de forma coerente para cada ambiente, mantendo o foco no resultado com excelência.

Lembremos do que vimos há pouco. Excelência é a escolha da melhor opção para o contexto imediato.

Sendo assim, se o ambiente é uma base de dados, e o comportamento é uma série sequencial de ações deliberadas pelo conhecimento prévio, excelência não pode ser nem o ambiente nem o comportamento.

Portanto, o comportamento é só um resultado de uma escolha dentre as tantas outras possíveis, ou seja, o comportamento que empenho é uma escolha, um resultado. O que tornará esse comportamento o mais adequado para o objetivo esperado é onde a excelência se consolida, ao menos no que tange à excelência neste nível – comportamento. A excelência está justamente na "laje" que suporta o nível comportamento. Não é nem o ambiente nem o comportamento em si, é a interface entre ambos. Fiquemos com esse dado para dar um passo acima. Vamos para o nível da capacidade.

O que torna a capacidade uma excelência? Quantas pessoas capazes de tantas coisas que você conhece não possuem excelência na maioria dos resultados? A capacidade em si é uma habilidade disponível, porém não necessariamente posta à prova. Capacidade é ter conhecimento prático sobre um tema em questão, no entanto, se não estiver alinhada ao comportamento, não tem resultado algum. Capacidade não é um resultado de uma escolha tal como o comportamento. Capacidade é habilidade adquirida com treinamento.

Quando falamos sobre a excelência ser uma escolha, entre tantas outras, e é nesse momento que avaliamos o contexto imediato, as disposições fisiológicas e as competências disponíveis, estamos afirmando que se não tivermos capacidades adquiridas para tal contexto, nenhuma outra deliberação culminará num resultado excelente.

Se tenho um banco de dados suficiente sobre o ambiente em questão, se tenho disponíveis diferentes comportamentos possíveis para esse contexto e nesse ambiente, mas não capacidade para lidar com essa realidade, nenhum resultado surtirá como excelente.

Exemplo: eu sei que o ambiente onde estou é uma quadra de tênis, que o comportamento a ser assumido é de um tenista e que as ferramentas para esse ambiente são de praticantes de tênis, no entanto, eu só sei jogar basquete, logicamente que meu resultado como tenista será prejudicado no confronto com o tenista profissional. Assim, a capacidade é um nível que se adquire tendo o contexto certo, o comportamento adequado e o treino específico. Entretanto, onde está consolidada a excelência nesse nível? Assim como nos outros níveis, está na interface entre comportamento e capacidade. A "laje" que sustenta a capacidade é o seu próprio nível de excelência. É nessa interface que encontraremos o algoritmo da excelência. Entenda o porquê disso no raciocínio abaixo.

Um atleta de alta *performance* com excelentes resultados explora seu ambiente de forma plena e, com a avaliação do contexto imediato, faz qualquer ajuste nos algoritmos de comportamento para melhorar sua *performance*, mantendo como prioridade a excelência no resultado. A capacidade é algo que já tem que estar disponível. Essa é a disposição fisiológica que já foi aqui citada. Não é na hora da luta que se pratica o golpe. Fica evidente que sua capacidade não é sua excelência, mas sim a forma como se capacitou. O que eu fiz ou como eu fiz para ter a capacidade que tenho? São por perguntas assim que extrairemos os algoritmos do aprendizado da excelência.

Portanto, concluo que a Modelagem de Excelências é a ciência que analisa, extrai e decodifica os algoritmos neurofisiológicos de exemplares que possuem excelência comprovada e os reescreve na forma de processos. Assim, pode-se transferir a excelência de uma pessoa para outra, de uma pessoa para um grupo, de um grupo para uma pessoa ou até de uma pessoa para ela mesma, em áreas diferentes de sua vida.

Capítulo 30

Mapeamento comportamental: a chave para uma liderança estratégica com foco em resultados

Wellington Santos

Neste capítulo, você encontra de forma decisiva a chave que pode maximizar os seus resultados, não só da sua gestão, mas de todo o seu time, que tem a chance de obter vários ganhos, como bem-estar e, principalmente, saúde mental e emocional, com foco na melhoria dos relacionamentos e aumento dos lucros.

Wellington Santos

Contador graduado pela FAFISP (2002), com especialização em Gestão Empresarial, Análise de Demonstrações Contábeis e Auditoria, Contabilidade e Direito Tributário, Gestão, Empreendedorismo e *Marketing*, *Personal Professional Coaching* (2011), Líder *Coaching*, *Executive Coaching* e *Alpha Coaching* (2012), certificado pela Sociedade Brasileira de Coaching (SBCoaching). Analista de Mapeamento de Perfil Comportamental DISC *Profiler* (2014) e ADV Innermetrix (2019). Escritor do livro *Qual é o seu propósito?* (Ed. Kelps), Baralho *coaching* interativo (Ed. Kelps) e Livro em caixinha *Quem é você?* (Ed. Matrix). Criador do método PEP7. Sócio da empresa CONTEC Gestão Contábil e Empresarial S/S Ltda. e do Instituto CONTECRH – Treinamentos e Desenvolvimento Humano Ltda., tendo como áreas de atuação: desenvolvimento humano, contabilidade, auditoria e perícia judicial.

Contatos
www.wellingtonsantos.cnt.br
www.meupep.com.br
wellceres@icloud.com
Instagram: wsantoscoach
Facebook: https://bit.ly/3a9VJCH
WhatsApp: (62) 98407-7410

> "100% dos clientes são pessoas. 100% dos empregados são pessoas. Se você não entende de pessoas, você não entende de negócios."
>
> Simon Sinek,
> consultor e escritor.

A falta de conhecimento compromete nossos resultados e retarda o processo de evolução em todos os sentidos da vida. Atualmente, atuamos no mercado contábil e temos o privilégio de viver as demandas diárias de vários profissionais, gestores, diretores, líderes, executivos, empreendedores e todos que de alguma forma contribuem para o crescimento e expansão dos negócios empresariais.

Estando diante desse mercado há 30 anos, fomos convidados pelo universo a empreender no segmento de autoconhecimento e desenvolvimento humano e confesso que é um mundo incrível. O ato de conhecer você cada vez mais é libertador: além de permitir que você tenha uma convivência com tudo e com todos cada vez melhor. Está comprovado que quanto mais você se conhece, mais resultado consegue produzir.

Nos dias atuais todos estão cada vez mais preocupados, ou seja, se ocupando antes e, com o desejo de produzir cada vez mais resultados com o mínimo de esforço. Existe uma missão a ser cumprida pelos diretores e líderes de qualquer empresa, que é a obrigação de otimizar recursos e criar soluções para que sejam ecológicos e façam aumentar o lucro. Mas o que venho percebendo há algum tempo é que a maioria dos profissionais que ocupam esses cargos ainda têm resistência à prática do autoconhecimento, ou seja, um sentimento interno que os trava no sentido de permitir que eles saibam quem são e como devem agir diante das situações diárias impostas por suas listagens de atribuições.

Digo com toda segurança, conseguindo provar na prática, que o mapeamento comportamental é a chave para uma liderança estratégica com foco em resultados.

O que você ganha quando aceita as novas ideias e quebra paradigmas no sentido de aceitar conhecer quem é você? Quem são as pessoas que estão à sua volta? Qual é o perfil predominante no seu time e qual o perfil necessário para que sua empresa possa "performar" cada vez mais? Com autoridade, posso dizer que você iniciará sendo contemplado com o bem mais escasso que temos, ou seja, o tempo. Você ganhará ainda informação, até então nunca validada antes com tanta aprovação. Não só a sua gestão, mas todo o seu time passará por um processo de educação continuada, uma vez que as pessoas passarão a se conhecer e esse ato automaticamente gera respeito e compreensão ao próximo. E, por último, passaremos a ter um ambiente de pessoas transformadas, que não aceitarão mais regredir em relação à sua capacidade de produzir mais e de ser cada vez mais feliz.

O mapeamento comportamental, independentemente do método, é sem dúvida a única verificação possível para disponibilizar pessoas certas, para os lugares certos. Essas ferramentas com toda certeza farão acontecer no mínimo as três adequações necessárias para que haja prosperidade para as pessoas e negócios, ou seja, tudo deve ser adequado à pessoa, hora e lugar. Digo "três adequações", mas nada mais são que a grande harmonia.

Não existe ninguém igual, cada pessoa é diferente da outra. Entender o outro e respeitar essas diferenças é algo fundamental para melhorar a convivência e garantir a harmonia em qualquer ambiente. Por isso a importância dos estudos sobre Mapeamento Comportamental. Eles são uma forma de mapear os comportamentos humanos predominantes em cada um de nós.

Temos basicamente quatro perfis quando se trata da metodologia DISC: comunicador, executor, planejador e analista. Esse modelo é baseado no trabalho de William Moulton Marston (1893-1947), para examinar o comportamento dos indivíduos em um determinado ambiente. Esses comportamentos previsíveis observados nas pessoas e tais respostas comportamentais ocorrem a partir da combinação de duas dimensões: uma interna (referente à percepção do poder pessoal no ambiente) e outra externa (percepção da favorabilidade do ambiente). Como resultantes dessa matriz, temos os seguintes fatores:

O COMUNICADOR É:	O PLANEJADOR É:
Estimulador Influenciador Articulador Participativo Facilitador	Moderador Acolhedor Prevenido Metódico Estabilizador
O EXECUTOR É:	**O ANALISTA É:**
Desbravador Impulsionador Competidor Direcionador Solucionador Dominante	Regulador Observador Ordenado Criterioso Especialista Idealizador

Nossa individualidade é bem mais complexa do que sugere inicialmente qualquer modelo. A singularidade de cada sujeito, aqui pode ser compreendida a partir da ideia de que somos compostos por um ou dois estilos principais de comportamento que se destacam frente aos demais. De qualquer forma, essas intensidades são combinadas com as intensidades dos demais fatores e, assim, é definido nosso estilo de comportamento em geral.

Cada um dos padrões comportamentais tem um valor único em termos de características gerais, motivações, contribuições para a equipe e para a organização, ou seja, não há um melhor do que o outro. As tendências de cada padrão podem ser funcionais ou disfuncionais, dependendo da intensidade de uso dos comportamentos e dos requisitos específicos do ambiente/desafio em questão.

E dentre as aplicações dessa ferramenta, destacam-se desde processos seletivos até programas de desenvolvimento, seja em nível individual, de equipe ou de gestão.

Partindo do pressuposto que, nesta era da informação, o capital humano está se tornando um dos ativos mais importantes das organizações, independentemente do segmento de atuação, é elementar a necessidade de investir nele, valorizando-o de todas as formas possíveis. A valorização do capital humano só gera ganhos. Para o funcionário, que ficará mais motivado para trabalhar; para a equipe, que ganhará em qualidade; e para a empresa, que verá todos esses benefícios se transformarem em lucros.

Dentro do quesito incentivo, sempre surge a dúvida sobre qual é a melhor maneira de valorizar os colaboradores. Bolsa de estudo, prêmios e flexibilidade na rotina de trabalho são alguns dos itens usados por empresas para tentar motivar seu capital humano. Porém, o que poucos levam em consideração é fazer um mapeamento comportamental prévio do profissional.

"Colocar a pessoa certa no lugar certo é a maneira mais assertiva de conseguir um ambiente de trabalho produtivo e motivado. A gestão de pessoas fica facilitada uma vez que o trabalho flui mais naturalmente com o colaborador desempenhando funções e atividades condizentes com sua personalidade, gostos e pontos fortes. Assim, fica mais tangível alcançar o objetivo almejado. O colaborador passa a vestir a camisa da empresa", diz Mônica Hauck, empresária, CEO e cofundadora da Solides.

Outro ponto favorável de se fazer um mapeamento comportamental prévio é que o líder passa a conhecer e a compreender melhor seus liderados, exigindo dele menos esforço para gerir o dia a dia da empresa, reduzindo os conflitos internos e aumentando a produtividade. Até mesmo empresas que estejam passando por algum momento delicado em sua saúde financeira podem usufruir de benefícios com o mapeamento comportamental, uma vez que a assertividade proporcionada pela ferramenta potencializa os resultados e evita desperdícios e o chamado *turnover* (rotatividade) das empresas.

Para quem pensa que traçar esses dados é algo complicado e que exige dinheiro e pessoal especializado, saiba que atualmente existem ferramentas que, em minutos, por meio de um questionário respondido pelo candidato entrevistado à vaga, detalham todo o perfil comportamental do profissional. Algumas delas chegam a ter assertividade de 98% em sua análise, validadas por grandes instituições, como universidades e órgãos do governo.

Portanto, em um ambiente tão competitivo como é o corporativo, em que detalhes diferenciam um concorrente de outro, o mapeamento comportamental dos colaboradores pode e deve entrar, definitivamente, no centro de estratégia das empresas. Da contratação à demissão, passando pelo rendimento corporativo, essa ferramenta auxilia nas decisões, resultados e saúde da empresa. Não é mais uma questão de vontade do empresário, mas sim de necessidade para que faça uma gestão com muito mais sabedoria e amor.

Permanecer no modelo antigo de contratação e gestão de pessoas é cultivar diariamente a mortalidade do seu empreendimento. Adote hábitos, comportamentos e ações diferentes por meio do autoconhecimento e transforme sua vida, de seus colaboradores e seus empreendimentos, implantando uma gestão de pessoas muito mais estratégica.

Vou citar aqui algumas ferramentas que utilizamos em nossos negócios e que são replicados aos nossos clientes como diferencial competitivo:

- DISC Profiler;
- Alpha Assessment: Alpha Coaching e os Benefícios para Líderes;
- QP e Sabotadores;
- ADV Innermetrix.

E agora, qual será a sua decisão? Penso que seja queimar a ponte e focar em uma nova forma de administrar não só a sua vida pessoal, mas tudo a partir de agora de forma muito mais produtiva e satisfatória. As ferramentas mencionadas acima são verdadeiras verificações embasadas pela ciência da axiologia, fato esse suficiente para validar a sua dedicação, investimento e mudança de comportamento. Investir em pessoas, processos e ferramentas é o caminho certo para a sua prosperidade infinita.

Quero ainda aproveitar a oportunidade para contribuir com uma observação que temos feito a todos que, de alguma forma, chegam até nós, quer seja pessoalmente ou profissionalmente: existe uma grande diferença em se ocupar e em estar produtivo. No dia a dia temos constatado, dentro das empresas, pessoas se ocupando várias horas do dia justamente por não conhecer essa máxima.

Costumamos perguntar: se você está trabalhando, quem está administrando? Se você estiver administrando, quem está liderando? E se você estiver liderando, quem está pensando?

Com isso, quero encerrar dizendo o quanto é importante dedicar tempo estratégico para a sua vida e para os seus negócios. Afinal, podemos ser cada vez mais produtivos se estivermos com a autoconsciência e autenticidade afinadas. Não há nada no mundo material que consiga chegar de forma tão precisa à sua essência do que os mapeamentos de perfis.

As ferramentas existem e estão à nossa disposição para contribuir de forma assertiva. Agora que você conhece, basta acionar o gatilho da decisão e passar a fazer parte do mundo das pessoas mais felizes e muito mais produtivas.

Meu desejo sincero, do fundo do meu coração, é que este artigo possa contribuir para que você tenha uma vida cada vez mais próspera e muito feliz. Afinal, você merece!

"Os homens criam as ferramentas.
As ferramentas recriam os homens."
Marshall McLuhan

Capítulo 31

Criação de modelo de competências e análise comportamental

Willian Carlos Millan

Trataremos neste capítulo de ferramentas para mapeamento comportamental à luz da experiência do autor, em cenários empresariais, hospitalares e instituições de ensino superior em prática clínica, com diretores, gestores e equipe operacional. O foco principal é demonstrar que criar um modelo de competência alinhado à análise comportamental traz resultados assertivos para organização e o indivíduo.

Willian Carlos Millan

Enfermeiro, consultor de aprendizagem, alta *performance* em comportamento humano. Mestre em Saúde Coletiva. MBA em Gestão Empresarial e *Coaching* - Fundação São Paulo de Sociologia e Política de São Paulo (FESPSP). Especialista em Nefrologia - Universidade Federal de São Paulo (UNIFESP) e em Docência do Ensino Superior – Universidade Castelo Branco/Exército Brasileiro (UCB/EB). Graduado em Enfermagem – Universidade Adventista de São Paulo (UNASP). Docente, supervisor e tutor de graduação e *lato sensu* para ciências exatas e Ciências da Saúde. Utiliza metodologia ativa e significativa baseado em currículo por competência no processo de ensino e aprendizagem. Experiência em comitê de ética e pesquisa. Membro ativo da Sociedade Brasileira de Enfermagem em Nefrologia e Sociedade Latino Americana de Coaching (SLAC). Analista Comportamental DiSC®, Profiler®, Inteligência Emocional SixSeconds®, PsychTest®, Competência Assess®. *Master Coach/Life/Executive/Leader*. Fundador da WM Coaching: Coach and Carear®. Idealizador da filosofia: Treinar | Apoiar | Cuidar.

Contatos
williancmillan@gmail.com
Facebook: Willian Millan
Instagram: willian.millan
Twitter: millan_willian
LinkedIn: Willian C Millan
Telegram: Willian Millan

O perfil comportamental está intrínseco nas atitudes do indivíduo ou de um grupo que demonstram de forma externa o seu comportamento por meio de ações e palavras, que devem ir ao encontro dos valores culturais (pessoais e profissionais) do indivíduo e da cultura organizacional, por meio de "liderança, personalidade, emoções, percepção, tomada de decisão (...), satisfação, conflitos, negociação, comunicação e motivação, que podem afetar os envolvidos" (ROBBINS, 2006, p.4).

Portanto, é necessário pensar no ambiente que será ofertado a esse indivíduo, quando dentro de uma organização, bem como no ambiente no qual ele já está inserido, impactando positivamente nos resultados (BRUM, 2015).

O indivíduo não pode ser fracionado em ambiente de trabalho e ambiente pessoal, é preciso entender ele como um todo, sua singularidade e estimular a sua criatividade, valorizando suas forças, conhecimentos, talentos e seus comportamentos como mola propulsora para o resultado de alta *performance*.

Para isso, são utilizadas diversas ferramentas como método de avaliação de clima organizacional e perfil comportamental, sendo esta última amplamente utilizada por meio do método DISC (Dominante, Influente, eStabilidade, Cauteloso).

O papel aqui não é demonstrar a análise de comportamento DISC, pois já é conhecida por muitos leitores e amplamente discutida pela literatura específica, mas trazer à tona a base dessa análise criada por William Moulton Marston, em 1928, que conceituou o indivíduo e suas emoções primárias e sentimentos dentro da categoria DISC, que logo no decorrer dos anos foram criados questionários para avaliar esses perfis e dominância, e assim entender os atores por meio de seus comportamentos, trazendo resultados efetivos para o grupo onde ele está inserido (RIBAS, 2014).

Para ter engajamento e resultados, é essencial o alinhamento da análise de perfil com a criação de modelo de competência comportamental.

Destaco que não são somente as competências técnicas, mas sim as comportamentais que trazem resultados de alta *performance* para o indivíduo e as pessoas que estão ao seu redor.

A proposta aqui é apresentar três ferramentas, aplicadas em centenas de pessoas que, em minha experiência, com desenvolvimento humano, por meio do processo de *coaching*, associado à análise de perfil comportamental (profissional/pessoal) e criação de modelo de competência comportamental, trouxeram resultados efetivos e que impactaram em mudança na vida pessoal e profissional dos indivíduos envolvidos nesse processo.

I. Perfil e mapeamento comportamental

O mapeamento do perfil comportamental, de forma correta, pode ser utilizado para alcançar resultados como aumento de produtividade, fortalecendo os laços interpessoais e, com isso, alavancar resultados positivos, se esse processo estiver diretamente ligado ao planejamento estratégico da organização, fortalecendo suas crenças, valores, visão e missão por meio do processo de *coaching*.

É essencial procurar uma ferramenta com validação interna, ou seja, validação no Brasil para análise do perfil comportamental, pois esta deverá considerar a cultura do país, capaz de mensurar e acompanhar o desenvolvimento e o desempenho do indivíduo, criando projeção do cenário e as competências necessárias para esse cenário, além de potencializar a força da equipe por meio do material humano esperado.

O sistema Profiler® parece ser o que mais se adéqua, pois foi aprovado com índice estatístico de 97,7% de acerto com intervalo de confiança de 95% entre 97,2 e 98,72%, conforme certificado estatístico da Universidade Federal de Minas Gerais e aprovação da Universidade Federal de São Paulo (CRUZ, 2007).

Mas, sobretudo, o profissional *coach* deve ter uma postura neutra com habilidades técnicas e científicas para traduzir o relatório comportamental, além de acessar e perceber as emoções e sentimentos do indivíduo.

Como supramencionado, não discutiremos o método DISC, mas é importante identificar uma ferramenta com base de dados validada e adequada à realidade de nosso país, com estudos científicos que comprovem o seu resultado e, por fim, identifique *"cases"* reais que foram realizados por meio dessa ferramenta.

II. Criação de modelo de competência comportamental

Agora, entendendo o perfil comportamental do indivíduo, é necessário mapear quais competências serão trabalhadas para apoiar o processo do desenvolvimento e atingir o objetivo individual dentro de um grupo, considerando características inatas e características aprendidas.

As características inatas estão ligadas às condições próprias do indivíduo, características físicas, biológicas, psíquicas e emocionais que vão se modificando conforme a particularidade de cada um e ao longo de seu desenvolvimento, embora inatas, elas se modificam conforme a realidade e a experiência de cada pessoa.

As características aprendidas sofrem influências de fatores internos do indivíduo e externos do meio no qual ele está inserido, e podem alterar os seus comportamentos.

Para o relatório "Assess®" Copyright©, as características inatas são: habilidades naturais e personalidade. As características aprendidas são: o conhecimento e a experiência acumulados no decorrer da vida do indivíduo.

Considerando isso, há três eixos interligados para avaliar essas características e comportamentos no contexto pessoal e do trabalho, sendo: raciocínio, trabalho e relacionamento.

O raciocínio é aquele em que o indivíduo pensa em realizar algo, é pensar e agir, tirar do campo do pensamento, do mundo dos sonhos e colocar efetivamente em ação o que é necessário.

Já o eixo do trabalho está ligado à execução desse pensamento com qualidade, não somente por ser uma tarefa ou compromisso obrigatório no mundo do "fazer".

O eixo relacionamento está relacionado à capacidade de envolver os outros para apoiar a tarefa, seus sonhos e inquietações pessoais ou profissionais. Parte do "fazer", para "ser" o próprio sonho, com poder de envolvimento dos que estão ao seu redor.

Quando esses eixos estão funcionando nos processos da vida e do mundo do trabalho, se mantêm a integridade, com relacionamentos assertivos, mantendo a existência e o envolvimento com os outros atores desse processo.

São 38 competências inseridas em cada eixo, tendo como base o instrumento "Assess®" (figura 1).

Importante definir previamente o que significa cada competência e os indicadores que se pretende atingir. Existem duas formas de fazer isso: 1°. O *coach* procura definir com base na etimologia da palavra dentro do contexto; 2°. O *coach* pode optar pela ferramenta "Assess®", nessa última opção gera ônus ao processo.

O segredo está na capacidade do *coach* de conduzir esse participante ao destino metrificado, pelo indivíduo, um *coach* que tenha maestria nessa formação, deverá ter capacidade em buscar, pesquisar e definir indicadores por meio da etimologia da palavra e conduzir esse processo, reduzindo o ônus para o participante.

Figura 1 – Competências Comportamentais por Eixo.

Raciocínio (Pensar | Agir)	Trabalho (Executar| Qualidade)	Relacionamento
• Inovação • Julgamento decisivo • Visão • Adaptável à mudança • Defender mudança • Análise de problemas com profundidade • Excelência funcional • Coragem nas convicções • Tino para negócios	• Planejamento e organização • Integridade • Segurança • Flexibilidade • Aprendizado e aperfeiçoamento contínuo • Foco no cliente • Orientação para resultados • Obtenção para resultados • Foco na qualidade • Política, processos e procedimentos	• Negociação • Motivando outros • Inteligência organizacional • Administração de relacionamentos • Administração de conflitos • Contribuição em reuniões • Trabalho em equipe • Respeito à diversidade • Comunicação interpessoal • Comunicação escrita • Treinamento e desenvolvendo outros • Gerenciando outros • Influência e persuasão • Habilidade de apresentação • Negociação • Liderança de equipe • Persuasão de compra • Liderança de reuniões • Liderança de ideais

Fonte: Adaptado de "Assess®" Copyright© 1999-2015 Bigby, Havis & Associates.

Segue três passos para a criação do modelo de competência para um grupo ou para o indivíduo.

1. **Seleção das competências:** conforme a necessidade do público-alvo, são selecionadas dez ou mais competências

que o indivíduo ou o grupo deseja para atingir. Se for um grupo, todos devem chegar a um consenso para escolher as competências que são essenciais.

Dentro de uma organização é preciso saber quais são os valores, visão, missão e o planejamento estratégico da mesma, pois essas competências devem estar voltadas a atingir esse propósito.

2. **Mensuração do Estado Atual (EA):** após a escolha pelo grupo ou pelo indivíduo das competências comportamentais a ser trabalhadas, é necessário mensurar o EA para cada competência (será explicado mais adiante). A mensuração é de forma individual, pois será trabalhado cada indivíduo conforme suas dificuldades e singularidades, sempre respeitando a ética e a moral.

3. **Sessões/Encontros de *Coaching*:** os encontros preferencialmente devem ser semanais e realizado com um profissional *coach* que tenha entendimento e experiência com análise comportamental e ferramentas do processo de *Coaching*. Serão necessários em torno de dez ou mais encontros para resultados efetivos.

III. Avaliação do Estado Atual (EA) e grau de satisfação

Para avaliação do estado atual pode ser utilizada a "roda da vida", um instrumento criado nos anos 60 pelo americano "Paul J. Meyer, fundador do Success Motivation® Institute, que tem sido utilizado até hoje para verificar o grau de satisfação de cada pessoa" (NEPOMUCENO, 2017).

Tomando como base este método trabalho um instrumento de autoprodução, a "régua das competências", onde o participante utiliza uma régua preestabelecida de 0 a 10 e indica seu EA em cada competência para o ED (Estado Desejado), e a partir disso é trabalhada a competência mais urgente para cada caso.

A mensuração é de forma individual, pois será trabalhado cada indivíduo conforme suas dificuldades e singularidades, sempre respeitando a ética e a moral.

Você vai perceber que, conforme a demanda do indivíduo ou da organização, o participante poderá escolher quantidades diferentes para cada eixo: raciocínio, trabalho e relacionamento.

A integridade e veracidade do participante em sua autoanálise, será o diferencial para resultados efetivos.

Já o profissional *coach* deverá utilizar suas habilidades profissionais para ouvir atentamente e dar ciência apoiando-o em caminho seguro até o ED.

O indivíduo nunca pode sair de uma sessão ou conversa de *coaching* sem um PA, esse plano de ação deve ser criado pelo participante, nunca pelo *coach*.

No plano de ação, crie oportunidades para o participante gerar compromissos autênticos e viáveis. Procure identificar os compromissos ocultos em que ele está operando, pois isso pode levar ao fracasso o processo.

Para o sucesso é necessário você ter em mãos o perfil comportamental desse participante, assim você poderá conscientizá-lo das necessidades e pontos fortes que ele tem por meio de seu perfil e como o ambiente externo pode influenciar em seus resultados.

A finalidade dessas ferramentas e o desenvolvimento de competências comportamentais, por meio de estrutura de diálogo, com os recursos que o participante tem para atingir o objetivo proposto, considerando os fatores internos e externos, é criar um salto na vida do indivíduo com impacto nos resultados do grupo – organização, comunidade, família, dentre outros.

Referências

BRUM, Melissa. *A influência do comportamento humano dentro das organizações*. Revista Pós-graduação: desafios contemporâneos. V.2, n. 3, julho, 2015.

CRUZ, F.R.B. *Estudo de avaliação de resultados do sistema RH Profiler*. Universidade Federal de Minas Gerais. Instituto de Exatas, Departamento de Estatística. CONRE 8109. UFMG, 2007.

NEPOMUCENO LEMOS, Daniel. *A utilização do coaching como metodologia de desenvolvimento de competências empreendedores: um estudo de caso*. João Pessoa, 2017.

Relatório de Competência Comportamental "Assess®" Copyright © 1999-2015 Bigby, Havis & Associates, Inc. Operado sob o nome de Assess Systems, Dallas, TX, USA. Disponível em: <http://product.assess-systems.com/assess/stdsel.asp?submenu=3>. Acesso em: 25 de out. de 2019.

RIBAS, A. *As emoções das pessoas normais*. 1.ed. São Paulo: Success for you Editora, 2014.

ROBBINS, Stephen Paul. *Comportamento organizacional*. 11.ed. São Paulo: Prentice Hall, 2006.